朝鮮神話

The Korean Myths

A Guide To The Gods, Heroes And Legends

Heinz Insu Fenkl & Bella Myŏng-Wŏl Dalton-Fenkl

海因茨·仁水·芬克爾
貝拉·明月·道頓—芬克爾 — 著

李忞 —— 譯 陳慶智 —— 審訂

Published by arrangement with Thames & Hudson Ltd, London,

This edition first published in Taiwan in 2025 by Faces Publications,
an imprint of Cité Publishing Ltd, Taipei

臉譜書房　FS0193

朝鮮神話

The Korean Myths: A Guide to the Gods, Heroes and Legends

作　　者　海因茨・仁水・芬克爾（Heinz Insu Fenkl）、
貝拉・明月・道頓－芬克爾（Bella Myŏng-Wŏl Dalton-Fenkl）
譯　　者　李忞
審　　訂　陳慶智
責任編輯　朱仕倫
行　　銷　陳彩玉、林詩玟
業　　務　李再星、李振東、林佩瑜
封面設計　Bianco Tsai

副總編輯　陳雨柔
編輯總監　劉麗真
事業群總經理　謝至平
發 行 人　何飛鵬
出　　版　臉譜出版
台北市南港區昆陽街16號4樓
電話：886-2-2500-0888　傳真：886-2-2500-1951
發　　行　英屬蓋曼群島商家庭傳媒股份有限公司城邦分公司
台北市南港區昆陽街16號8樓
客服專線：02-25007718；02-25007719
24小時傳真專線：02-25001990；02-25001991
服務時間：週一至週五上午09:30-12:00；下午13:30-17:00
劃撥帳號：19863813　戶名：書虫股份有限公司
讀者服務信箱：service@readingclub.com.tw
城邦網址：http://www.cite.com.tw
香港發行所　城邦（香港）出版集團有限公司
香港九龍土瓜灣土瓜灣道86號順聯工業大廈6樓A室
電話：852-25086231　傳真：852-25789337
電子信箱：hkcite@biznetvigator.com
新馬發行所　城邦（馬新）出版集團
Cite（M）Sdn. Bhd.（458372U）
41, Jalan Radin Anum, Bandar Baru Seri Petaling,
57000 Kuala Lumpur, Malaysia.
電話：＋6(03)-90563833　傳真：＋6(03)-90576622
電子信箱：services@cite.my

一版一刷　2025年9月

城邦讀書花園
www.cite.com.tw

ISBN 978-626-315-679-1（紙本書）
ISBN 978-626-315-678-4（EPUB）

售價：NT$ 450

國家圖書館出版品預行編目資料

朝鮮神話／海因茨・仁水・芬克爾(Heinz Insu Fenkl)，貝拉・明月・道頓–芬克爾(Bella Myŏng–Wŏl Dalton–Fenkl)作；李忞譯. -- 一版. -- 臺北市：臉譜出版：英屬蓋曼群島商家庭傳媒股份有限公司城邦分公司發行, 2025.09
面；　公分. --（臉譜書房；FS0193）
譯自：The Korean myths : a guide to the gods, heroes and legends.

ISBN 978-626-315-679-1（平裝）
1.CST: 神話 2.CST: 民間信仰 3.CST: 文化研究 4.CST: 韓國

283.2　　114009039

獻給我們的所有老師。

拼音說明

本書將韓文轉換為英文拼音時使用的是南韓政府二〇〇〇年起採用的「修訂版韓國語羅馬拼音系統」（Revised Romanization of Korean system，由南韓文化體育觀光部研發，又稱文化部系統）。該系統不使用變音符號，因此被認為比韓國研究界廣泛採用的馬科恩－賴肖爾系統（McCune Reischauer system）更方便及友善一般人使用。南韓依然使用漢字，故本書中有些詞彙除了韓文外亦會標出漢字，以利解釋字義及減少混淆。本書也會在相關處說明音譯詞彙的字面意義。

高麗早期裝飾王宮或寺廟屋頂的一個金銅龍頭，龍嘴叼的圈子連接到風鐸（風鈴），約十世紀製作。

釜山海東龍宮寺門板上彩繪的龍。

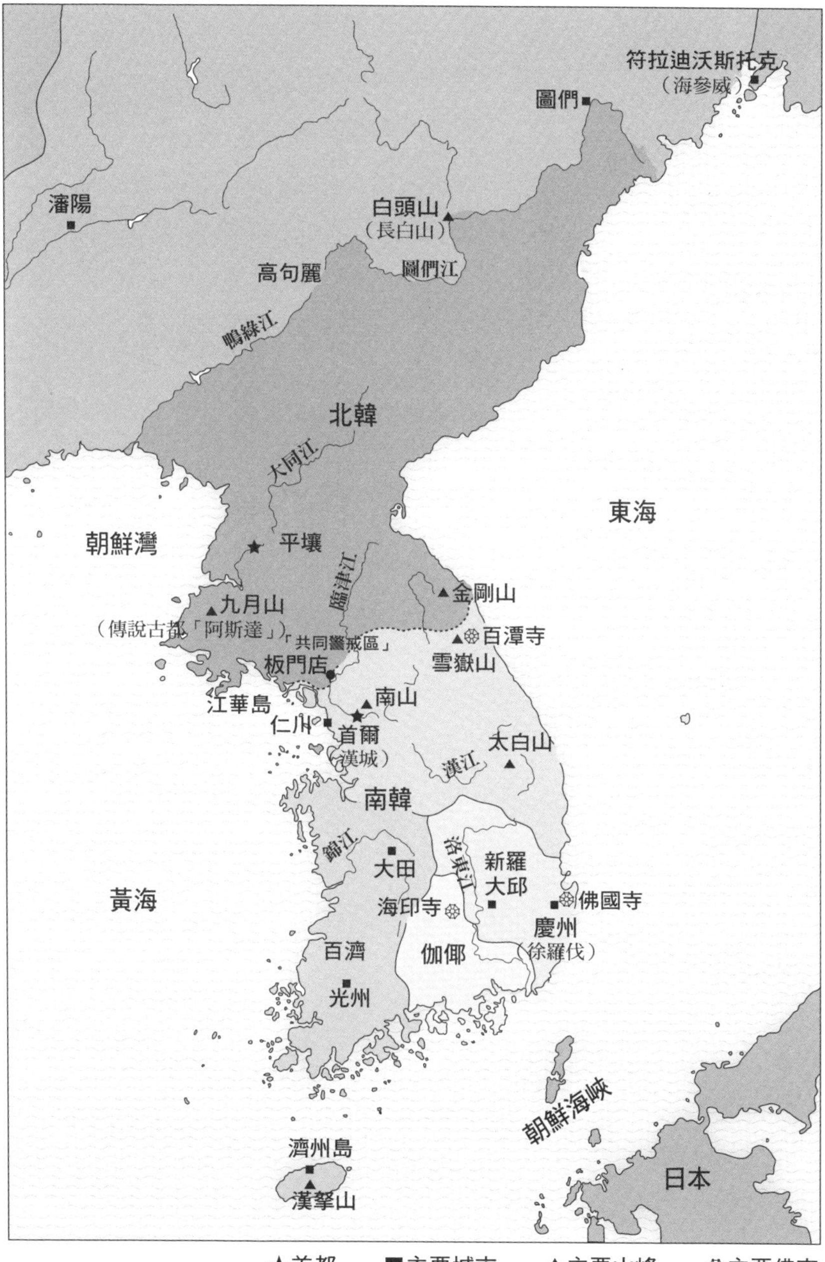

★首都　■主要城市　▲主要山峰　֍主要佛寺

大事紀

西元前約2333年～108年	古朝鮮
西元前37年～西元668年	三國時代：高句麗、百濟、新羅
西元42年～562年	伽倻
668年～935年	統一新羅時期
918年～1392年	高麗王朝
1270年～1356年	蒙古帝國干涉高麗
1392年～1910年	朝鮮王朝
1910年～1945年	日本殖民朝鮮半島
1945年～1948年	美國與蘇聯將朝鮮半島沿北緯三十八度線畫分為二
1948年	大韓民國與朝鮮民主主義人民共和國建立
1950年～1953年	韓戰

導論

走過三國爭霸、蒙古入侵、日本殖民、南北分裂、韓戰爆發……直到今天成為全球重要經濟體和流行趨勢霸主，朝鮮半島上的居民們向時間證明了他們的韌性，也證明了平衡傳統與創新的能力。二十世紀最後幾個十年間，南韓憑藉快速工業化與出口導向的發展策略——經常以犧牲公民自由為代價——成為經濟起飛的亞洲四小龍之一，打造出LG、三星、現代、大宇等知名跨國集團。自那以來，獨裁與威權時代的政治壓抑逐漸讓位給真正的民主。今日的南韓政治也許仍不乏問題，但已有愈來愈多年輕世代參與，對於社會議題的意識也愈來愈清晰。從戰後受盡摧殘到展現世界矚目的活力，這段被封為「漢江奇蹟」的路程確實相當傳奇。

一九八〇年代中期，南韓積極籌備一九八八年奧運的同時，政府已經開始推動稱為

「國際教」（국제교，音譯）的國際化運動了。這項計畫欲複製輸出物質商品的方式，將韓國文化輸出到世界各地，最終目的是讓韓國文化也像韓國經濟一樣在世界上享有一席之地。「國際教」在韓語中聽起來就像「國際橋」。那段日子裡，首爾的計程車司機們會邊聽英文教學節目邊載客穿梭大街小道，等著迎接奧運來到。數字八八蔚為風潮，出現在無數商標、咖啡店、餐廳、製造業小公司的招牌上。「八八」（팔팔）在韓語中是滾沸的狀聲詞，也能用來形容發燒的滾燙。而南韓當年陷入滾燙「八八熱」的一項長期結果，就是十幾年後出現的全球現象——「韓流」。這波韓國文化、音樂與影劇的浪潮現在已經席捲世界各地：防彈少年團（BTS）和BLACKPINK等韓國流行音樂團體獲得前所未有的成功，吸引了不分國籍的數百萬粉絲；韓劇開始以令人上癮的情節和高品質的製作為人所知，跨越文化和語言藩籬擄獲了廣大觀眾（甚至證明連美國人也是願意看字幕的）。在這股浪潮的影響下，全世界好像有愈來愈多人對韓語、韓國文化和韓國神話傳說備感興趣。

風靡全球的韓流似乎有擋不住的魔力，但奇妙的是，它的發源地是一個曾以不願接觸外界聞名、被稱為「隱士之國」的地方。這種動態矛盾正是使韓國文化與神話如此迷人的特點之一。如今分立的南北韓共享著一樣的神話傳統，其中充滿聖山、巫廟、幻獸和騷動的神靈。故事中有用詭計戰勝不公權威的英雄、想要復仇的悲憤鬼魂、教育兒子成為豪傑的有德母親、為家族犧牲自己的孝女——所有這些敘事都迴盪在一個揉雜了儒、道、佛家思想以及更古老傳統的文化中，成為灌溉當代韓流現象的深層源流。神話依然活在今日的韓國社會中，而且持續演進著。

朝鮮半島上目前有兩個國家，即我們常稱為南韓的大韓民國和稱為北韓的朝鮮民主主義人民共和國。南北韓的分裂可謂二戰前後複雜地緣政治的結果。一九四五年日本投降後，朝鮮半島沿著北緯三十八度線被一分為二，三十八度線以北由蘇聯接管，以南由美國接管。南北韓之間的衝突逐漸劇烈，最終導致一九五〇年韓戰爆發，蘇聯及中國支持的北韓侵略了南韓。韓戰蹂躪了整個朝鮮半島，幾乎所有主要城市都淪為廢墟，近三百萬平民喪生。一九五三年的停戰協定終止了韓戰，但兩韓從未簽署任何和平協議。諷刺的是，戰後的南北韓仍然大致以三十八度線為界，和戰前沒有太大不同，那場戰爭卻拆散了近千萬朝鮮家庭，留下痛苦的歷史遺緒。直到今天，朝鮮半島還是世界上軍事化程度最高、政治局勢最詭譎的地區。南北韓都是相對新的國家，擁有著截然不同的政治及經濟體系，但同時，這兩個國家裡的人們共享著一些可以上溯至四千多年前的文化遺產，包括共同的語言、傳統，以及一個豐富的神話系統。本書討論朝鮮神話時，大部分會以這個文化脈絡上的朝鮮作為討論對象，除非有聚焦於北韓或南韓的需要。

朝鮮半島

朝鮮的地質、地形和氣候在其神話中扮演重要角色。朝鮮是世上多山國家的其中之一，有超過百分之七十被丘陵和峰巒覆蓋（但海拔多半不高）。也由於這個因素，朝鮮神話總是環繞著幾座聖山。朝鮮擁有季風氣候，淹水和土石流經常出現於神話和民間故事中。此外，地理位置賦予這座半島戰略價值——一個古諺描述夾在強大勢力之間的朝鮮是「鯨魚間的一隻蝦子」——抵抗和智取強敵是朝鮮故事中反覆出現的主題。

朝鮮人怎麼命名了美洲

據說從前，有位歐洲的大製圖師即將完成一幅西半球地圖，但還不知道該為那裡的大陸寫上什麼名字才好。他到處詢問，最後問到了一位朝鮮人。「你覺得該叫什麼名字？」他問。那個朝鮮人很忙——朝鮮人通常都在忙——沒好氣地答道：「隨便啦！」（amureokkaena）製圖師不懂這句韓語，將之聽錯了。「美利堅！」（America），他感嘆，「多棒的名字啊！」於是美洲大陸就被這麼命名了。

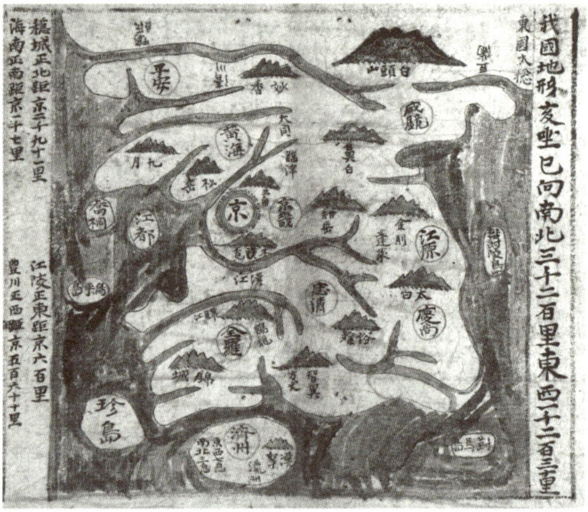

繪於朝鮮王朝時代的一幅古地圖，可看出南北分治前的朝鮮八道（平安、咸鏡、黃海、京畿、江原、慶尚、忠清、全羅）。

南韓位於朝鮮半島南端，包括江華島、濟州島和上千個小島嶼，首都首爾是全球富有活力的大城市之一。南韓一九四八年在美國扶持的李承晚總統帶領下建立了民主共和國，但政治史風風雨雨。一九六〇年，李承晚在貪腐引起的大規模抗議中辭職下臺，隔年朴正熙將軍發動軍事政變後成為南韓總統。一九九〇年代，南韓終於重建民主，但對政府貪腐的指控依然不斷。不過現在，這個國家已是一個蓬勃的民主政體，其市場導向經濟著重科技與工業發展，並具有全球影響力。

北韓包括朝鮮半島三十八度線以北的部分。一九四五年日本投降前夕，蘇聯兩棲部隊在此登陸，標示了一段複雜的政治互動關係和南北韓歷史分岔的起點。這個以平壤為首都的國家以極權統治聞名，從一九四八年建立以來皆由掌握軍事及政治實權的「金氏王朝」世襲獨裁。第一代的金日成確立了一套嚴格自給自足的國家思想，儘管北韓經濟實際上建立在史達林模式的重工業和農業上，相當仰賴蘇聯和中國的援助。直到一九六〇年代中後期，北韓的生活水準依然明顯優於南韓。但九〇年代蘇聯解體後，鎖國政策使北韓經濟面臨多重挑戰。然而，這並未妨礙金日成（「偉大領袖」、「國族的太陽」）、金正日（「親愛領袖」、「嚮導星」）、金正恩（「最高領袖」）祖孫三代世襲領導人大位。這裡的經濟由一黨專政的朝鮮勞動黨集中控制，由於政治封閉和發展核武而與世界其他地方不相往來。北韓也不時以核武作為恫嚇其他國家的手段。

北韓的治權同樣延伸到半島附近的小島上，包括朝中交界的鴨綠江上幾座小島。朝鮮的許多建國神話都以半島這一端為舞臺，半傳說、半史實的古朝鮮國還涵蓋更北方滿洲的一部分。幾千年來，這座半島上的王國有過許多名字，但自從十四世紀朝鮮王朝建立以來，居住這裡的人們只用兩個詞彙稱呼這片土地。

朝鮮（조선）

朝鮮王朝是朝鮮半島上的最後一個王朝，從一三九二年太祖李成桂開國一直延續到一九一〇年朝鮮併入日本為止。「朝鮮」沿用了傳說古國朝鮮的國名。這兩個漢字意為「朝日鮮明」，暗示它最初可能是指位在東方的一個晨曦國度，十九世紀晚期英語圈因此將朝鮮稱為「晨靜之國」（The Land of Morning Calm）。談年代時，「朝鮮」是朝鮮王朝時期的簡稱。

在北韓，「朝鮮」既指韓文化，也指韓民族。北韓的國名是「朝鮮民主主義人民共和國」，人們稱呼自己為「朝鮮人」（조선사람），並稱鄰國南韓為「南朝鮮」（남조선）。

韓國（한국）

南韓的國名則是「大韓民國」，簡稱「韓國」。南韓人自稱為「韓國人」（한국사람、한국인），叫自己的國家「南韓」（남한）、北方的鄰居「北韓」（북한）。[1]

高麗（고려）

在朝鮮王朝之前，統治半島的是西元九一八年至一三九二年的高麗王朝。英文的「Korea」和更早以前的拼法「Corea」都來自對「高麗」的音譯。南北韓的正式英文國名中，朝鮮或韓國都翻譯成「Korea」。朝鮮王朝末年往北遷移、今日定居於前蘇聯地區的韓

裔稱自己為「高麗人」（俄語：Корё-сарам；韓語：고려언）。

世宗大王與韓文

世宗大王是朝鮮王朝的第四代君主，一四一八年至一四五〇年在位。這三十幾年常被稱為朝鮮的黃金年代，世宗大王也被廣泛認為是對後世影響深遠、貢獻巨大的朝鮮君主之一。世宗的睿智愛民和他對科學、文化、藝術發展

首爾光化門廣場的世宗大王銅像。同廣場上的另一尊著名銅像見頁一四二。

1 譯注：「大韓民國」和日治前短暫存在的「大韓帝國」（一八九七～一九一〇）之稱源自朝鮮半島的另一個代稱「三韓」。此詞原本是指朝鮮南部最早的三個部落聯盟（馬韓、辰韓與弁韓，一般認為是百濟、新羅與伽倻的前身），大約七世紀起又被用來指史稱的朝鮮三國（高句麗、百濟和新羅），「三韓」和「韓」自那時起一直是人們對這片國號繁多的地方的一個簡稱。「韓」（han）最初的意思尚無定論，該讀音在韓語中有「大」、「一」、「最中」（如盛夏的「盛」）之意，也被認為可能與阿爾泰語系的「汗」（khan）有關。

的大力推動特別為人稱頌。他也改革了律法，希望確保法律系統更公平公正，並且設立了負責監察百官的「司憲府」。

世宗的所有成就中，最為後世記得的是他領銜創造了韓文（南韓稱為「韓古爾」〔한글〕，北韓稱為「朝鮮國文」〔조선글〕）。這種表音文字被認為是世上現存相當科學且有效率的書寫系統之一。世宗一四四三年引入了這個系統，盼能讓更多百姓擁有讀寫能力，因為當時唯一的書寫系統——漢字——太複雜且不易學習。相傳世宗多年來都在苦惱造字該採用什麼形狀，某天晚上，累壞了的世宗眼光無意間逗留在紙門木框形成的幾何造型上。他忽然領悟到這些是每個人都很熟悉的形狀，遂決定以此作為造字基礎。另一個故事說，有位宮裡的年輕學者或世宗的一個子女，因為擔心王上的健康，幫他用蜂蜜將字畫在米作的窗紙上。甜甜的紙被昆蟲啃食，在紙上留下了一些小洞。世宗認為這必然是某種天啟，因此採用了這些形狀。[2]

韓文與漢字

韓語文學經常利用韓文和漢字的雙重系統，製造出許多複雜且有趣的文字遊戲。韓文是表音文字，每個音節都會對應到一個字，但字本身是沒有意思的。另一方面，借自中國的漢字主要在於容易看出每個字的原始意義（就像英文詞彙中的拉丁或希臘字根）。例如，韓語中有指「風景」的「sansu」一詞。

韓文	漢字	羅馬拼音
산수	山水 （山岳＋水流）	sansu

這個詞在韓文中可以寫成「산수」或「산수（山水）」，雖然念法一樣是「sansu」，但漢字能幫助我們理解「sansu」這個詞怎麼來的，為何是指風景。如果只寫「산수」，這也可以是指「算數」（沒有對應漢字）或「野獸」（漢字：山獸），念起來是一模一樣的。

韓文是世宗大王本人和他設立的研究機構「集賢殿」的學者多年鑽研的成果。這個拼寫系統如此簡單有效，有個流行說法是：「聰明人一天就能學會，傻瓜頂多也只要十天。」

---

2 審注：此說法已被韓國學界否定。

正因如此，貴族士大夫一開始是抵制這個系統的。它太易學了，可能使老百姓教育程度變高，為統治階級帶來麻煩。新的系統被貶稱為「諺文」（언문，意為俗文）、「兒孩字」（아해글）、「女言」（암글）等等。一五〇四年燕山君（被廣泛認為是朝鮮史上最昏庸的君主）下令禁止使用韓文，原因是有平民使用這種文字譏嘲他。然而，這種書寫系統依然在女人、僧人和後來基督徒的使用下流傳了下來，而且愈來愈受歡迎，終於在十九世紀後半葉成為朝鮮的官方文字。在一九一〇年到一九四五年的日本殖民時代，韓文再度被禁，但也成了韓認同和反殖民的一個象徵。

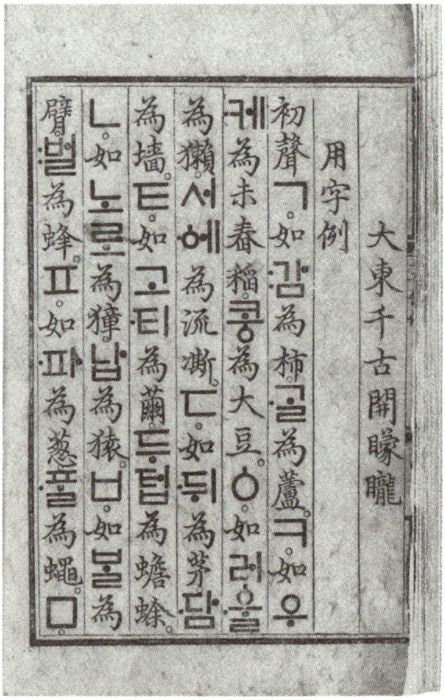
大東千古開矇矓

用字例

初聲ㄱ如감為柿굴為蘆ㅋ如우
케為未舂稻콩為大豆ㆁ如러울
為獺서에為流凘ㄷ如뒤為茅담
為墻ㅌ如고티為繭두텁為蟾蜍
ㄴ如노로為獐납為猿ㅂ如볼為
臂벌為蜂ㅍ如파為蔥풀為蠅ㅁ

一四四六年解釋韓文之發明與邏輯的《訓民正音》。韓文過去的正式名稱就是「訓民正音」。

神話是什麼？

本書所說的「神話」並不限於嚴格學術定義下的神話。一般口語上，人們常將神話、傳說、民間故事歸類在一起，我們也希望將這項事實反映在書中，提供一幅更寬廣的視野來看見形塑當今韓國文化的種種思想。此外，我們也會討論滲透進神話領域的

朝鮮王朝時代的一幅民間繪畫。〈鵲虎圖〉（작호도）是朝鮮民畫常見的主題，將聰明的喜鵲與強大的老虎作對比。[3]

[3] 譯注：研究韓國兒童文學的臺灣民俗學者張靜宜曾介紹，韓國〈喜鵲、老虎和兔子的故事〉很有趣地是從〈鵲虎圖〉發展而來——圖中總是坐在樹下看著喜鵲的老虎就像想吃小鳥的樣子。〈鵲虎圖〉的前身為中國傳入的〈報喜圖〉（花豹喜鵲），本來的花豹可能由於與故事傳統和山神信仰中的老虎相結合，變成了朝鮮繪畫特有種：花豹虎。

民族主義政治宣傳。話雖如此，檢視幾個基本詞彙和分類仍能帶來不少幫助，因此就讓我們談談「神話」究竟是什麼。

神話是一個社會或文化中解釋信仰、習俗或自然現象的古老故事或神聖故事，通常擁有悠久的歷史。神話多以仙怪或英雄為主角，以口述方式一代傳一代。這也代表神話不一定有文本，有些只是在文化群體裡口耳相傳。

神話有許多功能，其中之一是解釋自然界為何是我們所看到的樣子，例如星星源自哪裡、為何有四季變化、某些特殊地形緣何形成……。也有不少神話傳達了道德寓意或文化價值，或許描繪令人仰慕的一種行為或一種美德，也或許描繪不可取行徑的下場，這些故事有時會被用來強化社會裡的某些道德規範。類似地，神話也能成為統治者、領導者或機構合理化自己權威的工具，或者藉此聲稱他們得到了上天或神靈的認可。神話還能協助保存一個文化的身分，使一個社會中的人們想起他們共同承繼的歷史、起源和特色。最後，有些神話單純提供了娛樂功能，讓聽者得以沉醉在充滿想像力的角色所進行的神奇冒險中。

「神話」在英文裡還有另一個意思，即「迷思」（myth），指的是人們廣泛相信的一種訛誤或過度誇張的想法。迷思可能缺乏證據，但因為大家都這麼說，多數人都將之當成事實並繼續傳誦。當有人說某件事是迷思，通常是指這種觀點很流行，但實際上有誤的意思。本書唯一會談到迷思的部分，是在討論朝鮮人普遍相信的一些觀念，無論內容有多少真實成分，這些觀念能告訴我們關於朝鮮歷史與文化的許多特點。

像神話一樣，傳說或傳奇（legends）也是世代口傳的古老故事，但不同的是，傳說通常環繞著真實存在於歷史上的人地事，只不過經過長久流傳，可能有很多部分被美化或扭曲了。傳說多半包含超自然元素或英雄色彩，通常在文化中具有重要意義和教化功能。它們可能傳達某些道理、價值或規勸，有時能鞏固一個文化群體的身分和世界觀。傳說經常混合虛實，融入許多令寫實主義者皺眉的不可思議成分，但它們的最核心可能是史實，尤其是起源傳說。

另一個詞彙，民間傳說或民間風俗（folklore），則是指一個文化中所有傳授或訴說共同價值、記憶、身分的表現形式所構成的整體。這包括了神話、傳說、民間故事以及非敘事的諺語、謎語、歌舞、繪畫、儀式等等。它們是在一個緊密的群體中非正式流傳的集體信念、故事與習俗，無論是透過口傳或其他方式（如歌舞或視覺藝術）。民間傳說在保存和表現文化身分上扮演重要角色，因為它們反映了一個群體的歷史及其價值觀與世界觀。民間傳說的內容是被調適和延續界定的（亦即，它們是「活」的傳統），並非靜止不變，而是隨著社會、文化、歷史變遷不斷與時俱進。儘管流變不居，這個大整體總是維持一種從過去延續至今的連貫性。民間傳說的範疇可以涵蓋都市傳說、起源神話、童話、民歌、笑話、度過節慶的方式、大家都會玩的遊戲等等。

神話與信仰

神話敘事在信仰中經常發揮解釋的功能，協助人們理解他們信仰的起源、神聖的本質，以及關於應該如何生活的道德原則。從世俗觀點看其實也一樣：源自某個信仰傳統的神話可以幫助我們了解那個信仰傳統如何看待世界。正由於神話與信仰及其實踐如此分不開，而且經常承載宗教與哲學思想，想要更理解一個地方的神話在傳達什麼，並捕捉到其中的象徵和隱喻，先概略認識那裡的信仰會很有幫助——特別是當它像朝鮮半島上的情況一樣頗複雜的時候。

何謂融合主義？

融合主義（syncretism）指混合或融合多種思想或傳統。朝鮮半島的神話與信仰幾世紀以來都是融合主義的，後到的信仰會根據已有的風俗習慣作出調整修改，本土傳統也會吸收新信仰的元素。朝鮮史上有過多個時代，主流宗教或政治團體（包括殖民勢力）嘗試打壓薩滿信仰、佛教、基督教等傳統。不過受到打壓的群體總是勇敢反抗，將薪火延續了下來。

值得注意的是，許多朝鮮人實踐的信仰活動事實上結合了多個傳統的元素，例如有些人會敬拜佛教神明，同時也奉行儒家祭祀，並且慶祝耶誕。總的來說，朝鮮擁有動態且多元的信仰風景，數個信仰系統在整個半島被實踐及重視。即使在國家意識形態反宗教的北韓，目前佛教、韓國本土的天道教和少數基督教派據信也被允許繼續活動。從許多方面而言，北韓是一個新品種的神權政體，金氏三代受到神明般的溢美崇拜，其中也能看見許多呼應道教、薩滿等其他信仰的神話元素。朝鮮信仰整體來說有濃厚的融合主義色彩，即混合不同傳統的元素於日常實踐中，朝鮮神話也經常表現出這種複雜融合的特質。

由於上述因素，跳進朝鮮神話的世界之前，我們會需要簡單了解一下哪些信仰傳統孕育或影響了它們（第二章會有更詳細的討論）。以下整理了南韓的主要信仰系統，人口比例是依據二〇二一年蓋洛普公司（Gallup）的民調結果。要提醒的是，儒家在韓國被認為是思想傳統而非宗教傳統，而薩滿信仰這些年來也由於一些政治處境而逐漸被視為無關宗教的傳統習俗，稱為巫俗。

巫俗

巫俗（무속）是朝鮮半島原生的薩滿信仰（shamanism），環繞著能在人和靈之間扮演溝通橋梁的薩滿（shaman），在韓語中叫「巫堂」（무당，通常是女性）。巫俗從朝鮮半島新石器時代（西元前八〇〇〇～前一四〇〇）開始就是編織此區域文化的重要經緯。今天雖然地位已大大不如前，但許多來自巫俗的習慣和觀念依然充滿在韓國人的想像中。巫俗自古就很能吸收其他傳統的元素，也以它自己的方式適應了高科技的現代社會，現在成了韓國網路文化活躍的一部分。

道教

道教約於西元七世紀從中國唐朝傳入朝鮮半島。儘管從來不曾成為建制的宗教系統，但道教背後的哲學思想、美學理想、修行方式以及醫學知識深深滲入了朝鮮文化。朝鮮半島的道觀不多，但道教神仙經常出現於民間故事中或其他宗教的廟宇裡。南韓國旗上的太極與四卦就是道教影響的一個顯例。

太極旗

南韓國旗——太極旗（태극기）——透露了道教相關思想對韓文化的深刻影響。太極代表陰陽的和諧與平衡，是朝鮮人傳統上就會使用的一個符號，從朝鮮王朝有國旗以來便被選為國旗上的主要圖案，但歷經多版本的演變。

一九一〇年至一九四五年，日本殖民朝鮮半島，所有公共空間只能使用日本國旗，使用太極旗被嚴格禁止及嚴厲處罰，朝鮮人直到二戰結束才重新擁有表達國族認同的自由。目前版本的南韓國旗是一九四九年十月十五日通過的，中間

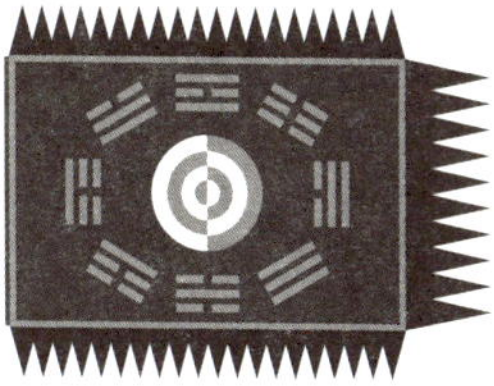

朝鮮國國王御旗，上面有完整的八卦。一八八二年高宗修改御旗所設計出的朝鮮國國旗便是現代太極旗的前身。

一八八八年的一面朝鮮國國旗（又稱丹尼太極旗）。

互相纏繞的兩色螺旋分別代表陰（藍）與陽（紅），四個角落的三線符號則是八卦中的主要四卦。這些符號分別對應到不同的自然元素與概念（最早記載於道教大經典《易經》，見頁七十）：

☰（乾）天、天空、父、春、東

☷（坤）地、大地、母、秋、西

☵（坎）水、月亮、子、冬、北

☲（離）火、太陽、女、夏、南

太極旗的白色背景據說來自朝鮮人「白衣民族」的外號，並且象徵純潔與愛好和平，也有人說它寄託了重新團聚南北的渴望。太極旗蘊含了朝鮮傳統哲學理念「弘益人間」（홍익인간），指為全人類的福祉努力。對南韓人來說，這面旗幟不只是國家象徵，也是韓國文化以及韓國人的象徵，因此即使在暴力抗爭中也極少見到褻瀆國旗的事件。

儒家

儒家思想很早就傳到了朝鮮半島，但約十三世紀晚期才在貴族階級「兩班」的推崇下開始真正深入社會。過去五百年來，儒家都是朝鮮或韓國文化中最主流的一脈傳統——韓國被認為是全球受儒家思想影響最深的地方並不是沒有理由的。韓國人通常認為儒家的價值和信念屬於思想的範疇，並不是宗教的範疇。儒家思想瀰漫在韓國生活的方方面面，韓國人的傳統教育方式、道德觀以及社會階級（尤其是性別階級）都受儒家影響至深。

佛教

佛教早在西元四世紀就傳入了朝鮮，於統

朝鮮王朝晚期的一幅觀世音菩薩掛軸。四個角落左上順時針起分別是釋迦牟尼佛、阿彌陀佛、善財童子、東海龍王。

一新羅時期（六六八～九三五）有過輝煌的黃金年代，但近世五百年於獨尊儒術的朝鮮王朝（一三九二～一九一〇）受到持續壓抑。韓戰後，佛教重新抬頭，直到二〇一〇年代為止都是南韓相當主流的宗教，近幾年才因為信仰習慣改變而人數顯著變少。二〇二一年的一份民調中，回答自己是佛教徒的南韓人約占百分之十六，回答自己「無宗教」的則占百分之六十，其中很多是年輕族群。韓國各地都有佛寺（包括現在的北韓），它們多半屬於朝鮮半島最大的佛教宗派——禪宗的曹溪宗。

基督教

本書說的基督教是指包含天主教、新教等宗派的廣義基督信仰。天主教在十八世紀被赴清國求學的朝鮮人引進朝鮮半島，新教則是十九世紀末才由傳教士帶來。二十世紀，韓國天主教徒數量下降的同時，新教在此地獲得了巨大的成功，並在九〇年代南韓民主化後成為一股重要政治力量。今日南韓赴外的傳教士數量在全世界僅次於美國，民調中表示自己是基督徒的南韓人占百分之二十五（「新教徒」百分之十七、「天主教徒」百分之六）。

1 開天闢地與其他起源說

創世神話

典型的創世神話描述萬物的起源：黑暗中如何有了光；混沌中如何有了秩序；地球、星辰和整個宇宙是怎麼誕生的。朝鮮半島的古民族有多個創世神話，這些神話口頭流傳許久後，最終被記載了下來。它們提供對世界、人類、自然現象起源的解釋，不同區域的故事通常不盡相同。有趣的是，訴說天地起源的朝鮮神話並非透過古代文獻保存至今，而是一直存在於巫俗口述傳統中，相對晚近才被記載下來。其中最著名的是整個朝鮮半島——從最北到最南——流傳的「巫歌」。

《創世歌》

《創世歌》（창세가）是流傳於半島東北角咸鏡道的一首巫歌，講述世界及人類是如何被創造的。它可能是更早的一首歌謠之變體，更早版本的神祇在佛教傳入後換成了彌勒和釋迦。釋迦是朝鮮人對創立佛教的印度王子悉達多，即後來的釋迦牟尼佛的稱呼之一；彌勒則是佛教信仰中，在佛法已徹底消失的未來世界降生的「未來佛」。我們可能會覺得奇怪，一首巫歌——尤其還是這麼重要的創世故事——怎麼會以其他宗教的神為主角？但在朝鮮巫俗這樣的融合主義傳統中，這其實是很普遍的現象。《創世歌》的一個版本記錄於一九二三年，敘述者金雙石伊是一位重要「萬神」（對薩滿巫師的尊稱，見頁六一），內容講述：

很久很久以前，天地是一體的，中間並沒有世界存在的空間。某天，天地之間出現了一條隙縫，彌勒於是在東西南北各立了一根銅柱，分開了天和地。當時天上有兩個太陽和兩個月亮，因此彌勒拿掉其中一個太陽和一個月亮，用它們創造了星辰。月亮變成了北斗七星和南方六星，太陽變成了代表人民和國王命運的小星星和大星星。地上的山巒都被葛根覆蓋，彌勒於是砍除了葛根，將葛根織成布，為自己作了連帽的衣袍。

這時還沒有水火，什麼都只能生吃，彌勒出發去尋找水與火。他問一隻蚱蜢哪裡能找到這些東西，蚱蜢說：「我怎麼知道？我喝的是夜露，吃的是日光。你去問青蛙吧。」彌勒問了青蛙，青蛙說：「我也不知道，你去問老鼠吧。」彌勒問了老鼠，老鼠問：「說了你會給我什麼好處？」「我會讓你有能力進入世上所有的穀倉。」彌勒答道。因此老鼠告訴他：「你先去金剛山，那裡有石頭和鐵，用這兩樣東西相擊就能生出火。然後再去小河山（소하산，音譯），到了那裡就會看到水。」彌勒根據老鼠的話來到金剛山頂上，用石英和生鐵敲出了火。在小河山頂上，他看見有條閃亮的帶子一路延伸到遠方，他就這樣發現了河川、湖泊及海洋。

彌勒覺得很孤單，他用兩手分別捧著一個金盤和銀盤，向上天祈禱。從天上落下十隻蟲子，掉在金盤中的變成五個男人，銀盤中的變成五個女人。這些人陪伴了彌勒，並且繁衍出世上的所有人類。在彌勒的時代，大家和平地生活著，但這幅景象引起了釋迦的嫉妒，他向彌勒提出一系列挑戰，和他爭奪掌管人間的權力。首先，他們競試誰能從東海裝出更多水，彌勒贏了。然後他們較勁誰能在夏季讓成川江結成冰，彌勒又贏了。釋迦提出第三個挑戰，他說：「我們都躺下睡覺，看誰的身體先開出牡丹，以後就是誰的時代。」彌勒沉沉睡去，膝上開出了牡丹。心虛的釋迦睡不好，身上沒開花，但他偷偷摘下彌勒的牡丹花放到自己膝上，耍詐取得勝利。彌勒同意交出世界，然而他詛咒狡猾的釋迦，說道：「你把邪惡和痛苦帶到了世上。」他告訴釋迦，以後每個村裡都會有寄生蟲、寡婦、巫師、叛徒和屠夫。他說以後，世上會出現許多居士，而那就是釋迦的時代，即末世的開始。

不久後，如同彌勒預言的，世上出現了許多居士。釋迦帶著這些人上山獵狍子，砍下老樹的枝將狍肉串烤來吃。只有兩個人不願吃肉——他們是真正的聖人——因此餓死了，變成所有山上的石頭與松樹。至今，人們還會在三月節用花煎祭祀他們。

歌中的彌勒和釋迦乍看之下好像是對佛教的崇敬，但仔細一看，我們會發現釋迦很明顯是故事裡的壞人，將罪惡與苦難帶到了世間。朝鮮歷史上，巫俗受到佛教徒的諸多詆毀（見頁六二），也許巫師們因此將惡與苦的出現怪罪到了佛教的創始人物身上。從另一個層次來

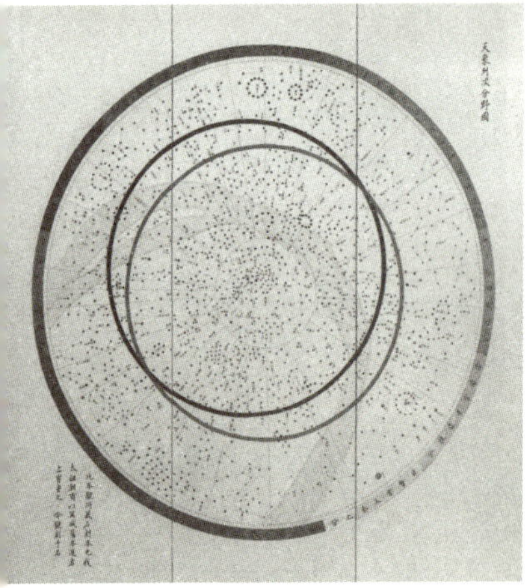

繪在一個十八世紀八折屏風上的新舊法天文圖。右為十四世紀的傳統天文圖，左為十七世紀的西式天文圖。最左邊繪了標有五大行星傳統名字（鎮星、歲星、熒惑、太白、辰星）的日月五星圖。

看，佛教中，釋迦牟尼成佛後首先教導了人們佛教的核心思想「四諦」，這些道理基本上在說：苦是人間的必然狀態。或許過去的巫師們循著這個脈絡，將帶來痛苦的神換成了釋迦牟尼，痛苦的末世結束後才會回來的「好神」則換成彌勒——佛教中接班釋迦牟尼的下一尊佛。（許多朝鮮佛教徒等待彌勒降臨猶如基督徒等待耶穌再臨，不過他們可能沒意識到，彌勒成佛是佛教徹底消亡之後的事，所以只要還有信徒在等他，他就還不會降臨！）創世故事中的佛教神祇名字，也讓我們得以一窺朝鮮巫俗傳統聰明務實的調適力。

《天地王本解》

《天地王本解》（천지왕본풀이）是朝鮮最

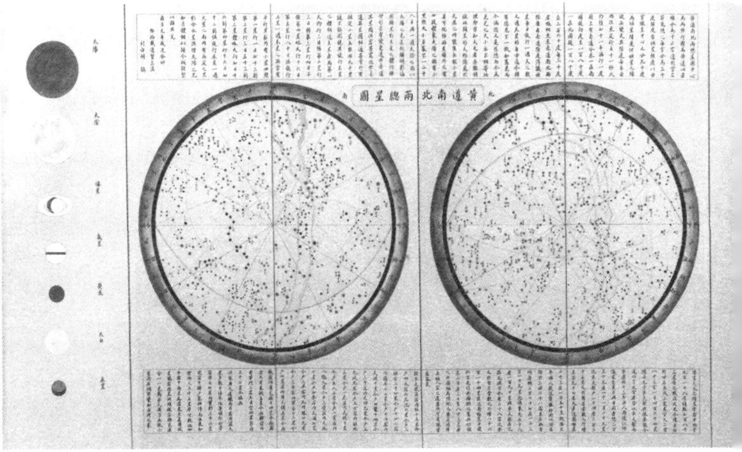

十七世紀的一個螺鈿（在漆器上鑲嵌貝殼的一種裝飾工藝）衣箱，以珍珠母構成牡丹花的圖樣。漆器是朝鮮傳統工藝形式之一。

南的濟州島流傳的一首巫歌。這個故事有許多變化版，因為它仍然屬於一個活傳統，巫師們會為了不同的儀式場合調整它，加入或刪去一點小細節，以便讓故事變得長一點或短一點。

就像咸鏡道的《創世歌》，這個故事的長版是從開天闢地說起。話說很久以前並無天地，只有一個混沌的巨大整體。然後混沌之中出現了一個洞，經由這個洞，輕的元素往上升，重的元素往下沉，天空與大地就這樣形成了。從天上落下一滴明亮的露水和一滴陰暗的露水，兩顆露珠子旋轉合一，形成了日月星以外的所有東西。天界、地府和人間三界的雞王一齊啼叫，時間於是開始了。世界上首先出現的是一個叫天地王的神明，他發現世界太黑暗，於是造了兩輪太陽和兩輪月亮。

故事說到這裡，有段很長的岔題，其中細節可能源自中國民間文學，描述天地王如何與一個叫壽命長者的人類暴君展開了戰鬥。壽命長者已經活了三千八百歲，非常傲慢，想要取代天地王，但最後被天地王由雷、電、火、風、雨率領的四萬大軍打倒了。天地王饒了壽命長者一命。不過返回天界前，天地王又在人間多留了四天四夜，於這段期間和一個叫聰明夫人的女子結下情緣。

絲綢上畫的牡丹與蝴蝶。牡丹在朝鮮從很久以前就被認為是百花之王，到了朝鮮王朝時被用作王室的象徵。

聰明夫人生下一對兄弟，將他們取名為大別王和小別王（대별、소별，音譯，意指「大星」、「小星」）。等到兩兄弟年紀夠大了，聰明夫人告訴他們父親是天地王的事實，並取出當時天地王為他們留下的仙豆種子。兄弟倆沿著仙豆長出的藤蔓一直爬到了天界，在那裡順利找到了父親。天地王指派大別王和小別王分別掌管人間和陰間。

小別王對哥哥很是嫉妒。他對主宰冥府沒興趣，央求父親讓他和哥哥交換。天地王決定讓他倆比賽種花，誰栽的花好，人間就由誰來管。小別王的花長不出來，但趁大別王睡著時偷了他的花，作弊贏得比賽。大別王管理冥界的同時，小別王在人間造成一場混亂。他打敗了在天地王容許下繼續統治的壽命長者。但他可不像父親那麼仁慈，他燒毀壽命長者的宮殿，將他的屍骨分解拋棄到四方，讓變得有毒的屍骨污染世界，甚至殺光他的子女——壽命長者的兒子變成一隻猛禽，女兒變成一隻豆象。

小別王的暴行使萬物生靈都開始嘈雜抗議。人們無法理解彼此，因為他們分不清自己的聲音和鬼魂的聲音。人間變成一個充滿暴力、沒有道德的地方，白天由於兩顆太陽而酷熱，夜裡因為兩顆月亮而嚴寒。為了導正這混亂的一切，小別王終於向哥哥求助。

大別王從陰間來到地上，拿起他的弓箭，射下一顆月亮與一顆太陽，將它們變成東天與西天的星辰。他將松樹皮磨成粉，撒在草木與鳥獸舌頭上，讓它們從此無法再說人話。

他區別了人類和鬼魂，使人鬼有輕重之分。但小別王並未告訴哥哥人們的敗德行徑，因此大別王沒有糾正人類社會的秩序，這就是為什麼社會如今還是腐敗而混亂，充滿欺騙、偷竊、背叛與荒淫。

比起《創世歌》，《天地王本解》中的主要人物名字可能更古老，因為它們符合朝鮮古代故事按功能為人物起名的習慣。前佛教角色天地王的出現也顯示這個故事的年代可能比現存的《創世歌》更早一點，並且解釋了《創世歌》中彌勒「向上天祈禱」時祈禱的對象是誰。

此外，《天地王本解》以父神和一對競爭的兄弟為主角，敘事聚焦於一個神話家族，而不是兩位借自其他宗教的神祇，亦暗示此故事可能更貼近朝鮮巫俗最早的起源故事。由於儒家的全面影響及其對嫡長子繼承的重視，手足競爭後來成為朝鮮民間故事的一大主題。

麻姑婆婆與雪門台婆婆

前述兩首巫歌雖然常由女性巫師唱誦，但主角都是男性。然而，無論在濟州島或朝鮮半島的口述傳統中，都有一些廣為人知，只是並不用在儀式表演或納入正典的起源故事。

掛了巫符，前面放置石堆的一棵神樹。

最可能的原因是，這些故事都描述了一位巨大女神用自己的身體造出世界。北方傳統中，巨人麻姑婆婆（마고할미，「할미」字面意義為「大」「母」，是對其的尊稱，後來逐漸被誤會成年紀大的意思）用裙子盛裝泥土，倒下泥土的地方便形成山岳和島嶼。她蹲下大小便，糞便成為丘陵，尿液成為河流。因為她力大無比，灑在山脈上的尿水甚至切開了山石。她的體型如此巨大，可以踏在島嶼上行走海洋。

濟州傳統中的雪門台婆婆（설문대할망，古文獻中叫雪慢頭姑（설만두고）或沙曼頭姑（사만두고））是另一位巨大的女神。她在睡覺時放了屁，排出的氣體造成一連串爆炸，宇宙因而誕生。她撈起海底的泥巴澆熄海上冒出的火，造出了火山地形的濟州島。島的一小部分被她的尿沖裂，成了濟州島東側的牛島。她的身體是沃壤，頭髮是草木。她的

兩尊玄武岩雕成的「石頭爺爺」（돌하르방）。這種濟州島特有的石像很可能具有巫俗意義。

尿滋養了海床，帶來濟州海女們採集的豐富海產。海浪是她涉水的腳丫造成的，當她大步越過海洋，便會形成劇烈風暴。雖然身形巨大，但雪門台婆婆也造不出一座連接濟州島和朝鮮半島的橋。雖然她非常高，還是沒有高過漢拏山（濟州島的盾狀火山）中央的無底湖，在那裡溺死了。

另一個版本的故事裡，雪門台婆婆生了五百個兒子，派他們出去搜集食物。同一時間，她自己用漢拏山的火山口當鍋子煮粥，卻不小心掉進裡面溺死了。她的兒子們回來喝完粥，其中一人才在碗底發現她的骨頭。

打趣的起源說

起源說並不限於古時候流傳下來的故事，也不一定要有神出現，甚至未必正經。它們在口述傳統中不斷增加，有些比其他更經得起時間考驗。以下兩則起源說出現於一九六〇年代的仁川市富平區，那裡有美軍的一處主要基地。這些故事也顯示了韓戰（一九五〇至一九五三年）結束後愈來愈多外國人來到韓國的影響。

韓國人膚色的由來

上帝用泥土造人時，有些烤得太久，顏色過黑了。祂又試了一次，這次是沒烤夠，有點太白了。祂再試了第三次，這次剛剛好！不深也不淺！韓國人的膚色就是那樣來的。

為什麼韓國人的鼻子沒有高加索人尖

很久以前，一個韓國人和一個高加索人起了口角。兩人吵得不可開交，開始動手，看到旁邊有什麼就抓什麼。高加索人順手拿起一隻榔頭，把韓國人的鼻子敲扁了。韓國人也不甘示弱，抄起一隻火鉗，夾住高加索人的鼻子使勁拉。所以現在韓國人鼻子都扁扁的，高加索人的鼻子被拉得又長又尖，得到他們「大鼻子」的外號。

建國神話

關於天地初開時的朝鮮神話相對較少，講述王國建立和王宮貴族的神話則有許多。和起源神話不一樣的是，這些故事不是主要透過口耳相傳或巫師唱誦流傳至今，而是詳細記載在史書裡。它們也圍繞著一些中心主題，只不過主角換成了競爭的王國。由於信仰上融合巫儒道佛，這些建國神話有時渲染了源自世界其他區域的思想色彩。我們將在第二章更詳細討論朝鮮道佛兩家的思想與習俗，這裡則會聚焦於半島「原生」的建國神話。

了解朝鮮早期最重要的兩本史料，是作於十二世紀的《三國史記》與十三世紀的《三國遺事》。這兩部書的性質和目的都大不相同，正好為認識古代朝鮮提供了互補的視野。較晚的《三國遺事》混合歷史、傳說與宗教敘事，讓我們得以窺見古時朝鮮人的文化與信仰生活。它的編撰者是擔任高麗國師的僧人一然（一二〇六～一二八九），因此採用了許多佛教修辭，開篇甚至提到了人首蛇身的伏羲氏——傳說道教思想中極其重要的八卦就是他所創。另一方面，朝鮮現存最早的史書《三國史記》更側重歷史書寫與政治書寫，強調何年何月發生了什麼政治大事、結盟或戰事。以現代學術標準來看，兩部書的內容都不算嚴格的歷史記載，因為客觀性不足，且選材受到編纂時的政治意圖影響。但這也就是它們有趣之所在，而且將這兩部書擺回各自的時空脈絡中檢視，也能為我們帶來關於這些意圖的有趣啟示。

《三國史記》

《三國史記》是記述朝鮮三國時代及其後統一新羅時期的一部正史，在高麗王朝仁宗（一一二二～一一四六在位）的委託下，由史學家宰相金富軾帶領一群學者編成，主要目的是對這段時期提供一版完整且權威的歷史敘事。

《三國史記》援引了更早的史籍、文獻和一手敘述，嘗試纂輯出一部以當時標準來說「客觀」的史書。書中焦點主要放在政治與軍事事件，包括王國的興亡、戰爭、外交，另外也對王室家族及其盟友和他們的權力鬥爭提供了詳細記述。

不像之後的《三國遺事》，《三國史記》對神話或信仰元素甚少著墨，更多是從政治、社會、經濟角度描繪前朝。不過需要記得的是，當時認為「客觀」的書寫方式在今天標準下是需要質疑的。《三國史記》效仿了中國史書的體例，其中對事實的選擇性呈現、歪曲甚至公然捏造是很出名的。（例如不少人相信，孔子曾經修訂《春秋》，將不利魯國形象的一些事件隱去不提。）雖然金富軾是佛教徒，但他的《三國史記》如同這個傳統下的許多史書，強調而且美化了儒家信奉的價值。

《三國遺事》

《三國遺事》則是忠烈王（一二七四～一三〇八在位）時期，由僧人一然所作的一本神話傳說及歷史故事集。其中的內容與《三國史記》如此不同，也有部分是因為此時的高麗已成為蒙古帝國的附庸國。忠烈王娶了忽必烈汗的一個女兒為妻，開啟了此後高麗君主迎娶蒙古公主、成為蒙古駙馬的慣例。忠烈王之後的高麗國王都沒有廟號（如「太祖」、「元宗」），因為名義上的正宗天子只有蒙古皇帝。朝鮮王朝恢復了廟號，但朝鮮君主依然只能自稱「國王」，必須受到中原的「皇帝」冊封。（後來十九世紀末，高宗建立帝國的舉動惹惱大清帝國，間接協助了日本吞併朝鮮。）

《三國遺事》主要涵蓋的時期與《三國史記》相同，也就是高句麗、百濟和新羅三國形成、相爭、分分合合的時代。但在蒙古入侵的現實下，不難想見，身為佛教徒的一然迫切希望保存朝鮮半島的信仰與文化。他作此書的目的之一可能便是以文字記下當時的傳統，團結受到異族壓抑的高麗百姓。

《三國遺事》五卷共九篇，其中前二篇的「紀異」特別令人著迷，收集了許多關於古國開創、神仙後代和其他超自然「異事」的傳說神話。信佛的一然在講古的同時結合佛教元素，強調佛教在過去朝鮮歷史與社會發展中所扮演的角色。有趣的是，他在一些最重要的敘事中徵引了現已亡佚的中國古籍，例如一本不復存在的《魏書》，顯示這些古朝鮮故事已經傳播到半島外的其他區域。

水獺與獵人

《三國遺事》留下的持久迴響可以見於「霧山」曹五鉉（조오현，一九三二～二〇一八）的一篇散文詩中。霧山是一位禪宗僧人與詩人，晚年在韓國最大也最古老的寺廟之一——百潭寺擔任住持。出身寒微的他以書寫悲憫和關懷主題聞名，獲得許多文學桂冠肯定。以下故事收錄於他的散文詩集《寺廟故事》（절간 이야기）中，原本是《三國遺事》「惠通降龍」的其中一段，霧山用一個不間斷的句子重新講述了它：

一個年輕獵人偶然捕獲一隻上岸覓食的獺，剝下水獺的皮，得意洋洋帶著獸皮回家，隔天卻發現被他扔下的水獺骨頭留下一道腳印跑走了，於是他小心地追蹤那道血跡來到一個黑暗的洞穴，發現前一天被他剝下皮、刮下肉的母獺骨頭還活著，抱著她的五隻小獺坐在裡面，他看見那些小獺眼睛都還沒打開，不知道母親成了什麼樣，還嗷嗷叫著討母乳喝，心想就算自己心再狠，見了這種景象，他已經既不能活，也不能死，只能在牠們長大之前代替母獺，沒想到這麼一替就是三年，但感覺像是三億年，三年過去，世上所有道路和他心裡的路都斷絕了，像他那樣的人只剩一個地方可去，那便是寺院，但寺院說他散發的葷氣太重，不肯收他，於是他頂著一盆燒紅的炭一直站在庭中等待，最後頭蓋骨霹靂一聲迸裂開來，一個叫作無畏的住持和尚才終於出來，用神咒治好他，給了他活下去的理由和「惠通」這個名字——當然這些都是新羅文武王時候的事了。

《三國遺事》為理解朝鮮半島古代的信仰、儀式、風俗提供了珍貴的窗口，而且採集了《三國史記》所沒有的活潑故事和重要人物傳記，也因此比後者更受歡迎——甚至在學者之間亦然。過去這些年，《三國遺事》裡的題材已被改編成無數韓影、韓劇、韓漫，見證了它在韓國文化想像中的持續影響力。顯著的例子包括二〇一〇年的韓國大河劇《近肖古王》（근초고왕），該劇的原著是南韓重要作家李文烈參考《三國遺事》、《三國史記》

等史料創作的長篇小說《大陸之恨》（대륙의 한），講述百濟第十三代王近肖古王征服中國遼西的故事。

傳說中的始祖們

以下三個傳說君王的故事都取自《三國遺事》，即現存朝鮮古代史主要史料來源之一。

檀君朝鮮

檀君是神話中古朝鮮的開國國君，名叫王儉，關於他的誕生故事，各版本之間只有一些微小差異：

天帝桓因有個兒子桓雄，他想治理人間，因此桓因答應了他的請求，交給他三個天界法寶——天符印，便讓他下凡去。桓雄帶著陪同的三千徒眾降到太白山脈的頂峰[1]，在一棵神聖的檀樹下建立了神市，在風伯、雲師、雨師的幫助下開始從那裡管理人類社會的穀物生長、疾病、善惡等等三百六十多種大事。

在那神檀樹附近住了一頭熊和一頭虎，住在同一個洞穴裡。牠們渴望變成人，每天都來到神檀樹下祈求，求桓雄教牠們變成人的方法。桓雄很受感動，給了牠們二十顆蒜和一把艾草，說道：「你們回山洞去，連續百日不能見光，只能吃這些東西，時候到了就會變成人了。」

熊和虎帶著這兩樣東西回去，但老虎在那期間撐不下去，自己離開了洞穴。熊繼續忍受飢餓，到了第一百天，變成一個美麗的女人「熊女」。熊女想擁有子女，但苦無婚配的對象，於是再度到檀樹下祈禱。桓雄可憐她，化為人形和她生下一個男孩「檀君」，那就是朝鮮半島日後的第

一幅描繪檀君在白頭山（中文常稱長白山）天池上的畫像。過去朝鮮半島人學地理時，習慣將白頭山理解為「頭」，太白山脈理解為「脊梁」。

1 譯注：作者頗有創意地將一然筆下的「太白山頂」解釋成「太白山脈的頂峰」（the summit of the Taebaek Mountains），不過事實上，白頭山的高句麗古稱本來就是「白山」或「太白山」，屬於長白山脈，太白山脈則是朝鮮半島東側的主要山脈（圖說提到的「脊梁」〔白頭大幹〕概念起於日本殖民時代）。順帶一提，一然文中自注「太伯〔白〕，今妙香山」（位在北韓中西部，海拔一九〇九公尺），韓國史學家普遍認為這是記錄神話的一然搞錯了，中國學者和民眾則經常以此作為「長白山並非韓民族聖山」的證據。

一個人類國君。

檀君在平壤建立了都城，開始以「朝鮮」稱呼他的王國（史稱「古朝鮮」）。後來，他又把首都遷到白岳山（可能為今北韓西南部的九月山）的「阿斯達」（Asadal，一說是「早晨之地」的意思），在那裡統治長達一千五百年。據說他遜位之後回到阿斯達成了山神。

赫居世與新羅

說完古朝鮮的建立，《三國遺事》繼續描述新羅王國的建立，上溯到充滿超自然現象的神話時代，提到諸如發光的蛋等常與來自天上或來自太陽相關的意象。話說從前，辰韓之地（今南韓東南隅的慶尚道）有六個村子。領導村子的分別是李、鄭、孫、崔、裴、薛六個氏族，各自皆宣稱是仙人的後代，因此都自行其是。六村的村長認為不能繼續如此，某天率領眾人來到閼川旁的河岸上共商大事。他們決定組成一個邦國，共推一位有德的君主來引領和保護大家。

他們登高祈禱，希望神明賜他們一位賢君。突然，他們看見南方的天空亮起異樣的色彩，如閃電垂到地上，形似一匹跪倒的白馬。他們前往奇光落下的地點查看，在楊山下的

慶州「天馬塚」出土的天馬圖，繪於五世紀新羅的一個樺皮障泥（掛在馬鞍下保護馬腹和擋泥的馬具）上，為韓國國寶。

蘿井旁發現一顆紫色的蛋（一說為青色）。白馬長嘶一聲飛上天際消失了。

村長們剖開那顆蛋，發現裡面有個形容端美的男孩。他們將男孩帶到東泉替他洗浴，只見男孩的身體發出光芒，周圍的鳥獸都開始起舞，霎時天地搖動、日月清亮。他們於是將他取名叫赫居世，希望他能像世間的赫赫太陽，並且能找到一位和他般配的好王后。

同一天，另一口井——沙梁里的閼英井——有條雞龍從天而降。從龍的左肋生出了一個小女娃（另一說法是雞龍死去後，人們在龍肚中找到了她）。那女孩異常秀麗，嘴巴卻是雞嘴。但人們在月城的北川清洗她時，雞嘴掉了下來，露出人的嘴巴。

人們在當地（今慶州）的南山西麓建了一座宮室，養育這兩個神聖的孩子。赫居世的蛋看起來像個葫蘆（瓢／pak），因此被給予了朴（Pak）的姓氏，其發

音與「밝」十分相近，意為「光明」。女孩則繼承了出生的水井名，叫作閼英。他們十三歲時登基為王與后，國號「徐羅伐」（古韓語：Syerapel；現代韓語：Seorabeol；可能是「東國之原」的意思，也是這個未來千年首善之都的名字，今天韓語中的「首都／首爾」（Seoul）一詞就是演變自這個詞，後來，這個國家被稱為「新羅」（신라），意指「新的定居地」）。

赫居世治理新羅[2]共六十一年，死後升上了天，七天後，他的肉身分成五塊落到大地上。不久後，閼英夫人也追隨他而去。人們想將五塊遺骸葬在一起，但一條大蛇出來阻礙，他們只好將遺骸分葬在五陵，那些陵墓又稱為蛇陵。

朱蒙與高句麗

回到北方，太白山西邊的卒本州（今中國遼寧境

慶州的「瞻星臺」，建於七世紀新羅，是亞洲最古老的天文臺和世界最老的天文臺之一。

內）這時有個古國叫扶餘。開國國王據說是天帝之子，自稱解慕漱。他的兒子解夫婁繼承王國後，有個大將夢見天帝告訴他最好將王國遷至東海濱的某片好地方，因為天帝打算把原本的扶餘國交給另一個後代——一個叫東明帝的人掌管。大將把夢告訴了夫婁。夫婁沒有辦法，只得帶著將士百姓往東遷，改國號東扶餘。

夫婁年老無子，將王位傳給了養子金蛙（那是他某次求子回程途中在湖邊一顆大石後發現的金色蛙形小兒）。有一天，繼位為王的金蛙遊經太白山腳的優渤水，遇見一個叫柳花的女子。他問柳花為何獨自在河中，柳花說她是河伯之女，因為被一個男子誘到鴨綠江流域的熊神山下共眠——那人也自稱他是天帝之子——才被父母貶到這裡。金蛙聽了非常詫異，將柳花帶回宮中，將她幽禁在一個房間裡。

日光灑進柳花的房間，她試著躲到陰暗處，沒想到光線追著她，照到她身上，使她因而受孕。（更古老的版本中不是光線，而是一個雞蛋大小的光球。）她生下一個很大的蛋。金蛙王把蛋拋去餵豬狗，但牠們都不吃它；扔到路上，牛馬也不踩它；丟到荒郊野外，鳥獸都跑來保護它；他乾脆自己嘗試把蛋打破，可是怎麼也弄不破。無計可施的金蛙

---

[2] 譯注：徐羅伐國號沒有明定，後來漢字有「徐那」、「斯盧」、「斯羅」、「新盧」等等諸多版本，過了許許多多代才正式定為「德業日新，網羅四方」的「新羅」。

五世紀或六世紀的一塊高句麗獸面瓦當，上面刻的可能是韓國民間傳說裡常出現、愛跟人玩的「鬼怪」（도깨비，見頁一一二），瓦當的使用在朝鮮半島已有長久的歷史。

王只好把蛋還給柳花。柳花用布裹住蛋，放在溫暖的地方，不久後便從蛋中孵出了一個男孩。

男孩從小就能自製弓矢，而且百發百中。人們都叫他「朱蒙」——扶餘語中的「神射手」。金蛙王的其他兒子嫉妒他，向國王進讒言，說他不是人類，留著他準沒好事。但國王並沒趕走他，只是派他去管馬。朱蒙見了特別壯的馬就讓牠們少吃一點，比較瘦的馬就把牠們養胖一些。後來國王帶朱蒙去打獵，照例挑了最好的馬給自己，而且限制朱蒙能用的箭數，結果朱蒙還是打了一大堆獵物。

柳花知道有人想對朱蒙不利，建議他逃到遠方去。朱蒙於是協同三個朋友出逃，但途中被一條大江擋住了。朱蒙對江水說道：「我是天帝後代、河伯之孫，眾仙哪，幫幫我吧！」他一說完，魚鱉紛紛游上水面，連成一座橋讓他們通過。追兵想跟著過河時，這些水中生物又全都散開了。

朱蒙繼續前進到了卒本州，途中遇見三個人。一人穿麻衣、一人穿納衣，還有一人穿水藻衣。他們加入朱蒙，暫時在一條叫沸流水的川邊築廬作為據點，開創了高句麗國（後來又稱「高麗」，據說是取「高山麗水」之意）。朱蒙同時將姓氏改成了「高」——他就是高句麗始祖東明帝。

姓氏和其他古國

除了以上三個故事，朝鮮還有許多其他氏族、部落或王國的起源神話，不少都和檀君、赫居世、朱蒙的故事有類似的主題與意象。金氏（見頁一六四）的起源神話就是一例。其中描述有紫雲纏繞著一個金盒從天而降。人們找到盒子時，看見旁邊有隻白公雞在啼。盒裡有個小男孩，人們於是給了他「金」這個姓。雖說這個故事裡，盒邊出現的不是母雞而是公雞，但同樣讓人聯想到孵蛋的意象，將此故事和其他許多出現蛋的建國神話連到了一起。

就像我們前面看到的創世神話，濟州島流傳的故事和朝鮮本島不太一樣。濟州島上的古國叫耽羅（Tamna，意為「島國」）。傳說在最初無人的濟州島，有三位「神人」從地面上冒出來，住在漢拏山北麓的一個洞穴中。某日，他們發現從海上漂來一個用紫泥封好的大木盒，盒中還有一石盒，石盒裡竟然有三個青衣女子，還附上諸多小馬、小牛和五穀種子。一個使者飛來，告訴他們日本國王生下三女，得知西邊海上有神子要開國，特意將公主送來給他們作后。於是他們依照長幼分別娶了三位公主，開始放牧、種穀，建立起富庶的王國。

韓國人魚——濟州島的海女

「海女」（해녀）是濟州島傳統的女性潛水員，她們承繼的傳統比這個名詞要悠久得多，推測至少一千五百年前就已出現了。歷史上，這座島嶼的男性負責出海捕魚等工作，憋氣潛水到沿岸海中採集鮑魚、章魚、海參、海膽、海菜、貝類的活動則由女性負責。濟州島過去有「三多三無」之稱——無賊、無門、無乞丐；風多、石多、女人多。從前島上女性多於男性的現象，也和許多漁夫出海後有去無回有關。

海女使用「裸潛漁法」，也就是用自由潛水方式——不靠任何供氧設備，二十世紀前甚至也不著潛水裝——下潛到深水中捕捉海鮮。傳說最早的海女是海洋女神看見濟州人生活如此辛苦，於心不忍，因此送來幫助他們的一群女人。另一種說法是，過去有個女人的丈夫去捕魚便沒回來，海洋女神被她尋找丈夫的誠心打動，因而賜給她在水裡呼吸的能力。據說由於她們驚人的潛水能力，海女是唯一能拜訪龍宮城的人類，所以有時岸上的人們都老了，她們卻沒變老。有些海女也是巫師，不過濟州島上的巫師大部分由男人而非女人擔任，和本島正好相反。

海女社群相當獨特。在儒家思想如此主流的一個文化中，這個社群仍維持緊密的母系連結：經濟上和社會上的權力由女人掌握，潛水的知識與技藝由母傳女。不過近幾十年來，海女的人數已大幅減少，原因包括潛水的辛苦本質、人口老化以及女性工作機會不再那麼受限。濟州人也開始致力於保存和推廣這項特殊的海洋傳統，如今它已被認定為聯合國非物質文化遺產。

一九三〇年代的海女，拍攝者是韓國第一代民俗學者宋錫夏。

2 朝鮮半島上的信仰

朝鮮半島擁有豐富古老的原生宗教，並且擁抱了古代使節和近代傳教士帶來的另外幾種信仰系統。融合主義是朝鮮宗教和神話的一大特色——就像巫師會把彌勒和釋迦的大名用在創世歌裡，朝鮮佛寺裡也有山神爺爺的祭壇，基督徒會祭祖、參與巫俗儀式甚至燒香拜佛。本章將涵蓋朝鮮半島最早的三大宗教——泛靈信仰、巫俗與道教——以及主要源自世界其他區域的儒、佛和基督教傳統。我們將討論這些系統如何互相融合在現代韓文化中。

泛靈信仰

關於所謂「古朝鮮」或「原始韓族」涵蓋多少滿洲或中國東北的區域，目前仍有不少爭議（最早的一些朝鮮史傳對此的說法顯然有誇張的傾向）。但很清楚的是，朝鮮半島和濟州島上最早的宗教崇拜屬於「泛靈信仰」的大框架。就像許多其他區域，這片區域的古居民相信萬物有靈；靈造就了天地間的一切，而所有人都能在生活中與祖先、動物、石頭、樹木和各種事物的靈互動。這點在我們看到的創世神話中也相當明顯，其中人會變成動物、動物會變成人，草木能說話、鬼魂行走世間，許多自然現象也被以擬人的方式解釋。

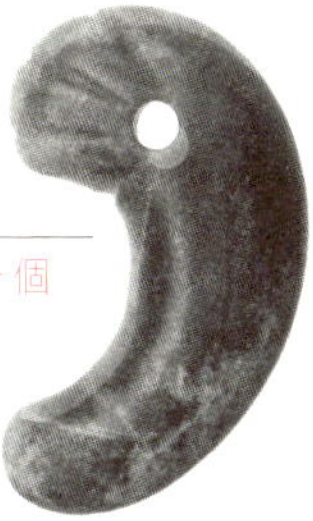

六世紀的一個翡翠勾玉。

除了口傳和文獻留下的故事，其他多種形式的物件記錄了韓國泛靈信仰的歷史。舉例來說，朝鮮半島上已發現幾萬座史前巨石架成的「支石墓」，墓中常見的陪葬品不只有陶罐等實用器具，還有明顯被賦予無形意義的「勾玉」等物件。勾玉是一種磨成勾形的玉石，形狀像個腰果，但大的一頭有鑽孔（也因此看起來驚人地像個胚胎）。雖然稱為玉，不過亦有陶土等其他材質的勾玉出土。

到了更晚的三國時代，勾玉通常是國王或祭司配戴的飾品，象徵他們的權力或法力。勾玉的形狀酷似韓國太極旗上的兩股螺旋之一（這種形狀在朝鮮半島和日本列島叫作「巴」（韓語：파；日語：ともえ）），甚至更像黑白太極圖上有個點的黑或白。這些相似性透露的是，遠古時候的勾玉也可能是刻意模仿一股力量盤旋升起的形狀。雖說它們確切的功能仍是個謎，但我們能從這些玉石的使用看出泛靈信仰流變

新羅時期用勾玉裝飾的一個金冠。

長性前的村人們。約一九一九年的一幅立體照片（stereograph）。

的一些蹤跡。

另一種物件「長柱」（장승）則是朝鮮半島隨處可見的一種長長木柱，刻有嚇人臉龐，戴著傳統帽子。過去西方人——尤其傳教士——經常管這種圖騰柱叫「魔鬼柱」，但實際上它們是立在村口或重要地點用來驅鬼的守護神。典型的長柱會男女一對出現，身上分別寫著「天下大將軍」和「地下女將軍」。它們通常是一般村民而非工匠製作的，不追求精緻或寫實，因為目的是嚇走妖怪，所以會刻成猙獰或滑稽的臉。

巫俗

與泛靈信仰息息相關的是薩滿信仰——或現代韓國所稱的「巫俗」——，其核心信念是所有人都能和身邊的靈互動。考察宗教的人類學家通常認為這類宗教是泛靈信仰的進一步發展，伴隨著更複雜的社會組織型態。它們環繞著由個人擔任的薩滿巫師，也就是被認為比其他人更能與神靈溝通的人。薩滿巫師可以進入恍惚狀態或被神靈附體，藉由神靈之力來幫助社群或治療疾病。

朝鮮半島的巫俗傳統非常悠久而龐大，可以上溯到原始韓族，並且很可能與北亞草原的薩滿信仰系出同源。像勾玉等明顯屬於部落領袖且喚起巫術意象的古陪葬品，顯示過去某個時期，朝鮮半島的薩滿或許握有極大的政治權力（有些講述半島傳說的偽史書甚至描述古代天子都是以巫力治國的）。但後來的薩滿信仰活動似乎轉為了地方性質，每個村子或聚落都有自己的巫師，人們聘請她們來帶領儀式、祈求豐收、消災解厄、預測福禍或單純舉行娛樂性的表演。即使在現今的南韓——全球科技發達的國家之一——這些儀式依然很流行。

巫師及她們的角色

傳統上，朝鮮薩滿巫師都是女性，只有濟州島不一樣，巫師傳統上是男性。人們認為成為巫師的是戰勝「神病」（신병）的人。神病的症狀因人而異，但會包含身心兩方面，譬如作可怕的夢、出現幻覺、無法進食，或者感覺自己好像住在錯的身體裡。神病可能持續數年，從小到大，得了神病的人要不是永遠不會

朝鮮近代風俗畫大師申潤福（一七五八～約一八一四）所繪的〈巫女神舞〉（무녀신무）。

好，就是經過降神儀式成為巫師。與「降神巫」不同的另一脈傳統是「世襲巫」，即經由學習繼承前代巫業的人。薩滿巫師在韓語中稱為「巫堂」（무당），尊稱「萬神」（만신）。薩滿男巫從前不叫巫，有另外的尊稱「博數」（박수，無對應漢字，可能轉自博士或卜師），但現在也稱為「巫堂」。

巫師所主持的儀式中，最為人熟知的是較大型的巫祭（韓語中稱為「굿」）。上面提到的降神儀式就是一例，其中資深巫師會透過一系列程序，請神靈降到患有「神病」的候選巫師身上。此外還有很多種巫祭（包括許多各地的特色巫祭），功能包含替村子祈福、替農莊或漁船祈求豐收和平安、為人驅魔或祈禱願望實現、祈禱往生者順利抵達另一個世界等等。基本上可以說，巫師的角色就是為村人解決各種疑難雜症的人。

許多巫俗儀式會包含「巫歌」的演唱。如同第一章提到的，講述本源故事的巫歌就時常出現在各種場合上（濟州島尤其顯著）。祭祀亡靈時，巫師不僅會吟唱亡者的故事，還會唱述天地和人類是如何誕生的。鎮鬼的儀式中，巫師也會先把諸神和鬼魂的由來唱述一番。

另一種巫俗儀式中會出現的環節是「假面舞」（탈춤），同樣在各地有不太一樣的傳統，但都會由巫師配戴代表某種原型人物——如「將軍」、「新娘」、「破戒僧」——的面具

來進行。最初的假面舞中，這些面具代表特殊類型的靈，能帶來各不相同的保護或祝福，是有人去世時驅逐邪靈及保護死者所用的表演。不過後來，假面舞演變成了一種諷刺上層社會的民間戲劇類型。可以注意到的是，朝鮮巫俗的許多儀式都帶有戲劇表演的成分。

巫俗與性別

巫俗從許久以前開始就是被壓迫的族群——譬如女性、男同志、女同志、跨性別認同者——表達及支持自己群體的一種方法。過去，巫師的生活讓女人也能賺取收入。有些喪夫或被丈夫虐待的女人藉此才能養活自己和家中老小，不至於被社會放逐。朝鮮巫俗中的儀式經常需要女扮男或男扮女，但此現象涉及更深的層面。患上「神病」的人時常覺得自己的靈魂與身體性別不一樣，而另一種性別的神靈降身時，巫師照理說就「成了」那個性別的人。

巫俗活動也給予人們嬉戲和嘲笑傳統有權階級的機會。雖然歷史上，朝鮮巫俗受到儒學士、佛教徒、基督教徒以及近代幾乎所有統治者的打壓，但它頑強地作為一種去中心的信仰存在著，成為邊緣群體的強大武器。即使在二〇一七年南韓總統朴槿惠（前總統朴正熙之女）爆發迷信巫術的「閨密門」醜聞後，韓國社會對巫俗的熱情亦未輕易被澆熄。陰柔的薩滿男巫等典型也不時出現在韓國流行文化作品裡（見頁二二〇）。

巫俗中的神靈

巫俗中的神靈多到數不清——可能有幾千種。這是因為每個村子都有自己的巫師，而每個巫師能夠與之溝通或受之附體的靈都不盡相同。但也有些從南到北都很常見的神靈類型，事實上，不少巫俗神靈是源自民間生活的原型人物。這點不只在面具舞中很明顯，其他巫俗儀式中也能發現。

舉例來說，「將軍神」（장군신）就是最常

傳統的巫俗送葬隊伍，人們抬著一具棺木上山安葬，約一八九〇至一九二三年。

來到巫師身上的神靈類型之一，有時是歷史上一位特定的將軍，有時是歷代大將軍聚集而成的靈。另外也有像「山川奶奶」（산천할머니）這樣的神靈，她是民間傳說中睿智老嫗的化身，沒有對應到特定歷史人物，但在人們心中可能和當地過去受敬愛的女性長輩連在一起。

巫祖鉢里公主

朝鮮本島女薩滿的傳統，可以上溯到神話人物鉢里公主（바리공주）。鉢里公主的遭遇和成為巫師的女人們有諸多相似之處。它是朝鮮神話頌揚陰性價值的一個重要例子。

從前從前，有個叫吳鬼（오구，音譯）的國王。他才十四歲的時候，一位算命仙說他若不想絕子絕孫，就必須算準良辰和一位吉垈夫人（길대，音譯）結婚。吳鬼答應娶她，並請占星師來算了好日子，但他年輕沒耐性，早了一天成婚。

預言果然成真——王后接連生了六個女兒。大臣們試著安慰吳鬼，告訴他接下來一定

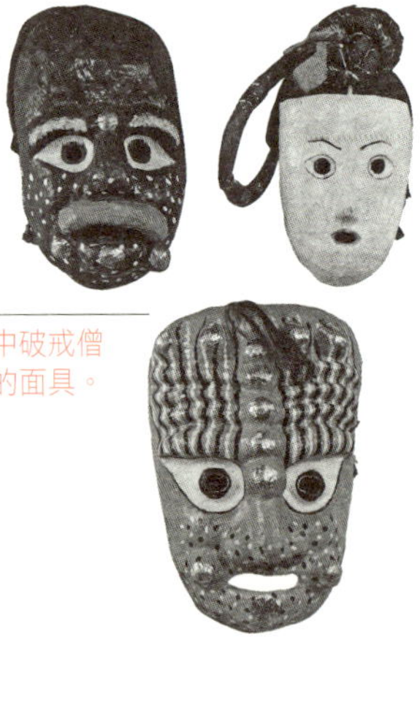

面具舞中破戒僧和新娘的面具。

會生男孩，但他還是愁眉不展。此時王后作了個胎夢（태몽），夢見腹中胎兒是西王母的孩子，被從天界放逐到人間來。

當第七個女兒出生，吳鬼氣壞了。他把吉坣夫人休了，在淚流滿面的她面前命令人們將公主密封在一個石匣子裡，帶到海上拋棄。

石匣子被扔出船，在海水中愈沉愈深。但蒼天怎麼忍心看一個孩子無端受到這麼殘酷的對待？仙靈趕來救她（有版本說是龍王，有說是佛陀，還有說是鸛鳥），使石匣子又浮到水上，在海面漂呀漂，最後被浪潮沖上岸，正好沖到了一個和藹的老僧人腳邊。老僧看見匣子上有國王的封泥，心想裡頭可能裝有貴重的寶藏。他將匣子小心搬回當地的佛寺，打開一看，裡面竟有個幼小的女孩！佛寺裡人人都知道宮中第七位公主的事，知道救了她必會受到可怕的懲罰。但他們是慈悲的人，不願把她交出去，因此老僧將她藏在寺中當親骨肉撫養，取名叫鉢里德吉（바리데기，音譯，意為「被捨棄的孩子」）。

鉢里漸漸長大，展現出異樣的天賦和過人的智慧。到了懂事時，她問老僧她的父母是誰。老僧告訴她：「你父親是竹神，母親是泡桐仙子。」鉢里從此把這些植物的精靈當作父母般尊敬。

某天，一個巫師來到廟中尋找國王的第七個女兒。「大王已病入膏肓了，」巫師告訴老僧，「除非找到失落的公主，否則他就會死。」

「沒有人想藏起公主，」老僧說，「但大王想殺了公主。要是在我們的寺院找到她，誰知道他會對公主和這座寺院怎麼樣？」

「你們現在不必怕了。六位公主都背棄了大王，他只想找到七公主，求她回到宮裡。」

僧人們只好告訴鉢里她的身世祕密。她返回王宮，讓病重的吳鬼很是欣喜。鉢里發現唯一能治好吳鬼的方法，就是由他的親生子女到西天西域國去求取靈藥。（另一些版本中，王后也仍在宮中，和吳鬼一樣生了病，鉢里必須拯救雙親。）六個公主中，沒人敢踏上那麼遙遠艱難的路程，只有鉢里願意去。

鉢里穿上男裝，出發往西天西域國去（西天西域是指中國西邊的印度，也是極樂世界的意思）。她旅行千里，穿過草原、越過高山、渡過大河，甚至到陰間走了一遭。終於抵達目的地之後，她為了交換靈藥而答應嫁給一個巨人，和他生下幾個兒子，這才得到能拯救父親的藥。

漫長的七年過去，鉢里踏上歸途，再度穿過陰曹，一路上解救了許多她遇到的可憐亡靈。回到人間後，她治好國王的病。國王則原諒了她擅自嫁人。

鉢里成為引導亡靈前往死後世界的女神，據說祭祀亡靈的「吳鬼祭」（오구굿）就是

以她父親命名的。送葬時，男人會抬著竹子、女人抬一根泡桐木運送棺木，因為鉢里公主敬這兩種植物為父母。鉢里公主被不公平地拋棄，經歷了重重磨難——甚至進入陰間和亡者交談——，但她始終有德、忠實、盡心盡力，所以今日的韓國薩滿巫師都視她為始祖。

道教

道教是最早在朝鮮半島生根的「非原生」信仰傳統。現存古老的朝鮮史料之一、作於十三世紀的《三國遺事》就談到了道教奉為始祖神祇的伏羲。但道教在朝鮮半島的歷史遠比這些史書更長，且這些史書往往受到更多儒佛思想影響。道教在三國時代晚期（七世紀前半葉）已經有系統地引入朝鮮半島，當時高句麗派使者前往中國唐朝學習道教，帶著唐朝道士回到高句麗講授道教的根本經典《道德經》。

道教在這座半島上從未成為像佛教那樣的建制宗教，但它背後的思想和觀念滲透到了主流宗教活動、民間習俗、日常生活之中。這就是為什麼從巫廟到佛寺甚至再到國旗，我們在韓國各式各樣的地方都能發現道教的影響。朝鮮半島的道教發展出了不同於中國道教的獨特面貌，因為其中揉合了道家哲思與來自民間——朝鮮民間以及中國民間——的本土信仰與醫學觀念。

道教的核心信念

道教或道家是發源自中國的哲學和信仰傳統。其中心思想是「道」，指的是一種抽象、難以言喻、牽引宇宙萬物運行的自然規律。道家有句話說：「道可道，非常道。」也就是可用言語道出的「道」並不是真正恆常的「道」。道經常被描述為事物的自然狀態。它既是萬事萬物的道理——宇宙之所以是其所是的原因——也是人想要與天地達到和諧與平衡所應該遵循的道路。

道教的起源說之中，人在天地間占據獨特的地位。道教相信人可以透過培養「氣」（韓文中的「기」——一種瀰漫宇宙的生命力）來與天之道及地之道和諧相融。此外，道教也相信如果人在生活中「無為」（韓文「무위」），而非汲汲營營爭取物質上的成功或掌控，便更可能與自然規律達到一致，變得長壽甚至不死，同時避免「業」（karma，見頁八一）的負擔。[1]

死亡扇！

當代韓國古怪的迷信之一，是相信在密閉空間裡吹電扇睡覺會丟掉小命。這個迷信似乎不管多少科學證據反駁都能繼續流行，吸引了無數研究者提出理論試圖解釋。有些人認為這是觸電意外導致的迷信，也有人認為這是過去電費太高父母騙小孩的說法，還有人認為這是戰後韓國政府為使人民節電而散布的謠言。無論如何，「風扇致死」的都市傳說在韓國如此盛行，甚至有個二十幾種語言的維基百科條目。

迷信形成的真正原因可能涉及老一輩的一些觀念。過去幾代的朝鮮半島人當然都知道在這個氣候寒冷的地方吹風和失溫可能造成的真實風險。另外也有一些觀念是和道教信仰相關的——練習氣功的一個原則是不能打赤腳、站在水裡或在風太大的地方，因為這些都被認為會使人身體裡的氣散失。而且人睡著時被認為特別脆弱，靈會跑到別的地方（也許夢鄉）去遊蕩。

---

1 譯注：原始的道教不相信來世，故沒有「業」或前世因果的概念，但人們可能相信行善能為子孫累積福報（所謂的「天道承負」）。

道教在朝鮮半島

道教信仰的創始經典是又名《老子》的《道德經》，相傳為西元前五百年左右由半歷史、半傳說人物老子所作。《道德經》由八十一篇短詩文構成，分成「道」和「德」兩部分，很可能是古聖賢的話語集成，描述了道家與道教的核心思想。不過《道德經》的文字精簡玄奧，對一般人而言很難參透，相比之下，成書較晚的另一本重要典籍《莊子》則平易近人多了。這本哲人莊子所撰的書討論範圍更廣，裡面有寓言、軼事以及闡述道是什麼的哲思散文。這兩本大典之外，道教還有第三部重要經典——傳說是上古時代伏羲氏所作的《易經》。「易」是變化的意思；《易經》是一本用卦象等符號推算事物變化的古代占卜書，三國時代便已傳入朝鮮半島。

中國道教和朝鮮道教裡都存在兩個主要概念。其一是太極與陰陽。道教的宇宙觀中，最初始的、沒有極限的虛空叫「無極」。萬物都從無極中誕生，也因此，無極可以說是整個宇宙的源頭。

當老子遇上孔子

老子和孔子很可能是生活在相同時代中國的哲人，因此不少故事描繪如果他倆碰上會怎麼樣。最有名的一個故事是說，孔子某天一如往常帶了幾個弟子出門，去拜訪老子，問他對祭祀的看法。老子說：「你講的不過是些死人骨頭。人死了沒有什麼會留下來，除了他們說過的話。」出了老子家，弟子問孔子老子何如。孔子說：「我知道鳥會飛、魚會游、獸會跑。那飛的能用網子抓、游的能用弓箭射、跑的能用陷阱捕。至於那穿梭雲間的龍，我可真不曉得該怎麼捉。老子就像龍一樣哪！」

從無極的虛無中誕生了混沌的「太極」，混沌之中又出現了互相環繞的兩股力量——陰與陽。各位可能也注意過，道教的太極陰陽圖上有黑白兩個點點。它代表「陰中有陽、陽中有陰」——沒有什麼真正的絕對，一切之中都有其反面。道教相信，天下萬物都同時具有陰與陽的部分（只是可能某種多一點，某種少一點）。陰與陽互相對立又互相補充，構成了現象世界的一切。

另一個主要概念是「無為」。道教認為人的生命是有限的，但人可以透過奉行「無為」來跟隨天地之道，如此便能活得稍久一點，或甚至長生不老。道教鼓勵人們順應自己的本色而活、與自然共生、接受生命本有的特質與節奏。它強調簡單樸實、自然自發、由衷的情感，也強調不追求物質欲望或功名地位。道教認為實踐道的方法因人而異，每個人都要找到自己的道。像這樣的哲學顯然和中心化的體制不太相容，或許這就是為什麼道教在朝鮮並未發展成另一個大宗教，而是被涵納在其他宗教之中。

道教神仙

我們在第一章看到，薩滿巫師在創世巫歌中將神祇名字改成了彌勒與釋迦。不過除了這兩位佛，還有不少來自其他傳統的神仙名被本土神話吸收。麻姑婆婆——用裙子盛土造山的巨大女神——名字就來自道教的「麻姑」。最早的中國文獻裡，麻姑被描述為一位手指纖長如鳥爪的不老仙女。她可以飛越東海來去蓬萊，見過「東海三次變為桑田」。或許朝鮮半島人因此才把行走大海、改變山形的女仙人和她連結在一起。中國有很多麻姑山、麻姑洞，今天南韓的一些山上也能找到彷彿麻姑的女山神石像（見頁一一〇）。

麻姑的「麻」引起了西方學者一些有趣的討論。有漢學家認為她其實是大麻草的女神，並指出善用草藥的道教術士和煉丹師早期就知道大麻花粉的醫療和迷幻用途（道教的草藥經之一——西元前成書的《神農本草經》裡記載了麻蕡「多食令人見鬼狂走，久服通神明」）。據說泰山的道教社群會採集大麻籽加入儀式薰香中，而麻姑是泰山的女神。另外有些學者認為「麻」源自以麻織布的意象。如此看來，麻姑可能與另一個起源甚早的傳說仙女「織女」有關！惟此說被其他學者反駁，指出早期麻姑形象穿的是葉製而非麻織的衣物。[2]無論如何，在朝鮮半島，也有少數民間故事把麻姑奉為麻的女神，從天上下凡教人類編織麻布。

「玉皇大帝」（韓文「玉皇上帝」〔옥황상제〕）是道教的天界皇帝，朝鮮半島的民間祭祀和神話中不時可見他的身影。玉皇大帝本來只是道教的其中一位神明（前身可能是原始中國居民信仰的「老天爺」昊天上帝），但後來逐漸演變成了道教裡的最高至尊，類似

2 譯注：此句應是作者誤會了。明代的一幅《麻姑獻壽圖》上，麻姑肩上披了一圈外形酷似大麻葉的葉子。德裔美籍漢學家艾伯華（Wolfram Eberhard）曾回應評論他文章的德國漢學家衛德明（Hellmut Wilhelm）道：「我不認為有證據指出麻姑代表『大麻女神』，如衛德明先生所猜測的那樣……。這位女神確實經常穿著以葉為領的原住民服飾，但那並不是大麻葉子。大麻（莖）更晚才被用作織布原料。」

基督教的上帝，有時候也被和從無極中創造天地的「元始天尊」（원시천존）混在一起。有著獨特蒼綠的玉在東亞從幾千年前就被視為尊貴的象徵，與蒼空相近的顏色或許也是玉帝被稱為玉帝的原因。

朝鮮巫俗有時也拜玉帝。我們能在一些巫俗祭壇畫中看見玉帝飄在一棵桃樹上——桃是長生不老的象徵——，空中同時有月亮和太陽（受道教影響的繪畫中常可見日月同框）。玉帝在韓文化和歷史中的分量不若在中國那麼重，但人們常把巫歌或起源故事中的「天帝」都當成他。

法師英雄田禹治

要說明道士有何能力，韓國古典小說《田禹治傳》（전우치전）可能是最好的例子。這部作於十九世紀的小說主角是朝鮮王朝真實存在過的一個道教法師田禹治。田禹治精通草藥、卜卦、風水（替人尋找墳墓和住宅的好方位）、書法，還非常會吟詩。他在小說中被描繪為一個劫富濟貧的痞子英豪，與另一個有名的義賊洪吉童（朝鮮王朝燕山君時代的人物）有些類似。一個故事說，某天有人來找田禹治，想拜見他的法力。田禹治喝下一口粥，將幾粒米從嘴裡噴出來。只見米瞬間了變成小小的蝴蝶，飛進他家後院。

七星信仰

七星神（칠성신）是隨著道教傳入朝鮮半島的一位或七位神祇，其發展鮮明地體現了朝鮮神話和信仰的融合特質。它最早可能源自道教的七星君（北斗星君），是掌管人類壽命福禍、也能帶給人們好運的七位星官。進入朝鮮半島後，它與巫俗和民間的北斗七星崇拜結合；巫師會向七星祈雨，人們也會求七星保佑長壽或發財。後來七星神又在朝鮮佛教中轉變為「七星如來」，半島各地都能找到有「七星閣」的佛寺。

七星的主題在今日的韓國文化和創作中也依然很常見——南韓經典汽水品牌就叫七星。它或許也是韓國人如何在創新的同時又不捨棄舊傳統的一個佳例。

十九世紀初的一幅七星神掛畫。

另一個故事裡，田禹治的朋友問他有沒有辦法弄到天上的仙桃。田禹治說：「那有什麼難。」並說他需要一捆很長的草繩。旁邊看熱鬧的一個伙計馬上拿來繩子。田禹治指指一個小童，請他過來，然後把草繩往天上一拋，讓草繩的一頭竄上了雲霄。他對小童說：「你爬上去，上面會看到很多青桃子，你把它們都摘了丟下來。」所有人都出來抬頭看小童爬繩子。過了一陣子，天上開始掉下青桃子，大家全都衝到街上想撿一顆吃——吃起來甘美至極，顯然不是凡間長出來的。

這時候，忽見血滴從天上滴下來！田禹治哀嚎道：「完了，咱們為了吃桃，害小傢伙送命了。」人們問他究竟怎麼回事，他說：「八成是仙桃守衛發現，把他劈死了。」他還沒說完，天上掉下一隻手，然後又一隻，然後是兩隻腳，然後是頭和身體！人們驚慌失措，但田禹治小心撿起掉下來的小童身體，將之拼起來念了幾句咒。片刻過去，小童倏地坐起來，跑掉了。大家面面相覷，然後一起爆出大笑。

田禹治的事跡和冒險很受歡迎，不僅被改寫成童書，還被拍成電影和韓劇。二〇一二年的韓劇版《田禹治》將這部小說改編成奇幻古裝劇，背景搬到了《洪吉童傳》中洪吉童建立的烏托邦「栗島國」。二〇〇九年的電影版《田禹治：超時空爭霸》是以「道教魔法師禹治」（Jeon Woo-chi: The Taoist Wizard）的英文片名宣傳的。田禹治在這部片裡變成了一位使用道術的超級英雄，穿著傳統韓服——包括經典的黑笠——與妖怪鬥法擊敗邪惡勢力。

佛教

佛教對韓文化有深刻的影響。西元前六至前五世紀誕生於印度一帶的佛教信仰，經過近千年的流傳，在西元四世紀左右傳播到了高句麗王國和百濟王國，並先後成為兩國國教。到了六世紀，新羅王國也將佛教定為國教。漸漸地，佛教擴散到了整個朝鮮半島，在統一新羅時期（六六八～九三五）尤其發光發熱。直到朝鮮王朝（一三九二～一九一〇）才開始漸失影響力。

由於佛教是經由中國傳入朝鮮半島，韓國與中國傳統上流傳的都是大乘佛教。大乘佛教（Mahayana，字面意為「大」「乘載工具」）強調解救眾生，更追求成為菩薩（bodhisattva），在今世和來世幫助遇見的所有生命。較古老的上座部佛教（Theravada，梵語「長老」之意，又被大乘教徒稱為小乘佛教）則更強調個人的心靈修行，追求成為阿羅漢（arhat），脫離生死輪迴達到涅槃之境。

經過幾百年的衰落期，韓戰結束後，佛教在韓國有顯著的復甦，再度成為朝鮮半島的主要宗教之一。然而進入二十一世紀，韓國佛教徒似乎快速減少，根據蓋洛普公司的民調，二〇〇四年南韓民眾有百分之二十四為佛教徒，二〇二一年只剩下百分之十六。

元曉飲顱水

元曉大師是七世紀一位以狂放不羈聞名的新羅僧人。他在新羅民間推廣佛教思想，尤其是淨土信仰的相關思想。韓國家喻戶曉的佛教故事之一，敘述元曉和他的朋友義湘想去大唐學習佛法。在路上，他們被風雨困住，只好借宿在路旁的一個洞穴裡。夜裡，元曉口渴得不得了。他在黑暗中摸索，發現洞口有個瓢狀的東西，裡面積了冰冰涼涼的雨水，於是開心地取來飲用。

隔天早上，元曉和義湘發現他們以為的洞穴其實是座傾頹的墳墓，周圍都是死人骨頭。元曉喝水的容器是個骷髏頭（一些版本說是鬼怪故意騙他喝下那裡面的水）。這個念頭使元曉作嘔，但他因此感悟，一切都存在於心中——心使他覺得雨水冰涼甘甜或噁心恐怖。他於是決定他不需要去大唐了，告別了義湘，返回新羅繼續鑽研佛教。

關於元曉和義湘後來的事跡還有不少故事。元曉是一代異僧，不但進出酒肆，還和一位瑤石公主同居生子。他融匯各派佛學哲思，留下八十餘部佛經疏釋。他和義湘分別是朝鮮華嚴宗兩大派別的創始人。

佛教的關鍵概念

佛教的始祖是出生在一個古印度小國的王子悉達多・喬達摩（Siddhartha Gautama，西元前五六三～前四八三）。看見宮牆外的疾苦，悉達多感到痛苦又困惑。他拋棄了身分，踏上修行之路，想要明白人究竟為何要在世間承受生老病死和種種痛苦。他在一棵菩提樹下苦思七七四十九天，終於開悟，人們因此稱呼他為佛陀（Buddha，梵語「覺悟者」）。他的家族屬於古印度的釋迦族，所以人們也叫他釋迦牟尼（Shakyamuni，梵語「釋迦族的聖人」）；這也是韓語對他的簡稱「釋迦」（석가）的由來。

佛陀的手勢

我們經常看見雕像中的佛陀手部呈現幾種典型姿勢。在佛教信仰中，這叫作「手印」(mudra)，不同的手印有不同的象徵意義。最常見的包括拇指與食指相捻的「安慰印」(vitarka mudra)，象徵佛陀說法使人安心的姿勢。一個韓國佛教徒和基督徒都覺得好笑的民間故事說：

慶州世界文化遺產石窟庵的主佛像，佛陀手部呈現請大地為證、斥退諸魔的「觸地印」(bhumisparsha mudra)。

耶穌和佛祖都在天上等投胎，因為無事可做，祂們開始下棋。為使遊戲刺激一點，祂們決定輸的人要受兩種懲罰之一：付錢給贏的人，或者被彈額頭。第一局，耶穌贏了。祂知道佛祖總是托缽化緣，根本沒錢，所以說：「那你讓我彈額頭吧。」祂瞄準佛祖額頭用力「嗒」下去——從此佛祖頭上就腫了個大紅點。第二局，換佛祖勝出。「哎呀呀，」祂兩手一攤，對耶穌說：「付錢還是彈額頭？」耶穌正要開口，不巧剛好輪到他投胎了，所以佛祖到現在還在等，一手比出彈額頭的動作，另一手打開表示收錢的動作。

佛教一部分是為了回應古印度社會與信仰而創造的，因此佛教和印度教有一些共同的概念語彙，但意義稍微不同。佛教徒和印度教徒一樣相信「輪迴」（samsara），即眾生不斷投胎轉世的輪轉，而唯有透過修行達到某種境界才能從生死輪迴中解脫。佛教和印度教都相信，一個人這輩子的經歷取決於前幾輩子的業。「業」（karma）的梵語意思是行動或功業，雖然常被理解為一種報應，但其實意義更接近因果——今生行動的結果會經過複雜的連鎖效應展現在來世中。印度教的法典中，人必須奉行根據種姓地位而不同的「法」（dharma）才能早日脫離輪迴；而佛教拒絕種姓制度對人的分別，認為世間只有一種佛法，對待任何人都是平等的。

佛教的另一個關鍵概念是「苦」（dukka），意為痛苦或不滿足。它指的是只要降生在世間就無可避免的種種煩惱與痛苦。佛教徒相信輪迴轉世，亦即苦不會隨著死亡終結，而會在投胎為人或動物的來世繼續下去。想要脫離輪迴唯有一途，就是透過正確方法來滅除煩惱，得道解脫——其中最重要的是明白「四聖諦」和實踐「八正道」。

淺白而言，四諦是有邏輯條理的四個主張：人生是苦、苦有原因、滅苦有方法、方法即八正道。這八道具體來說是：正見、正思維、正語、正業、正命、正精進、正念以及正定。佛教徒相信四聖諦和八正道都是佛陀教導人們依循的道理，而這些道理統稱為佛法。據說曾有個目不識丁的人問佛陀，用最簡單的話來說，佛法到底是什麼？佛陀說：「壞事別做，好事多做，練習控制自己的心念，這就是佛法了。」

朝鮮佛教

在朝鮮半島上留下最大影響的佛教宗派，是統一新羅晚期傳入、成為朝鮮佛教主流的禪宗。「禪」的漢字來自梵語「禪那」（dhyana），意指靜思（西

禪宗經典主題《十牛圖》的第六幅〈騎牛歸家〉，這套通常十幅一組的文圖以牧童尋牛比喻心靈修行的旅途。

方人最熟悉的可能是其日語發音「zen」）。在中國，禪宗與儒道等傳統相結合，尤其是哲學觀上更近似的道——如此產生出的流派似乎很能引起融合主義傾向濃厚的朝鮮人共鳴。禪宗相信靜思是佛學修行的關鍵，但也有重視研習經文的一面。禪宗特別注重透過「看話禪」（간화선）或「公案禪」（공안선）——禪師對弟子提出的一道禪謎或無法理解的問題——來協助弟子悟道。

投胎轉世

韓國民間信仰中，不分巫儒道佛，許多人都相信靈魂轉世，只不過細節可能依不同傳統而不太一樣。最常聽到的是一種來自佛教輪迴觀的說法：人死後的七七四十九天，靈魂會待在冥界（或「中陰天」），每七天要接受一次閻羅大王（염라대왕）審判，最多四十九天後會決定接下來的去處，再投胎為人或者成為動物（或者被升格為神或打入地獄）。人的靈魂會在投胎的那一刻忘記自己前世的記憶。

韓國經典文學中對此有段精彩描寫，出自十七世紀晚期小說《九雲夢》。作者金萬重是曾獲朝鮮王朝肅宗重用的文官，後來在政爭中被流放，於流放地寫下了這部浪漫色

彩的長篇小說。小說主角是個在仙界修行的小和尚，名叫性真。他被師父派去龍宮辦事，結果被龍王勸酒，在回程路上和邂逅的八位仙女調情。那天晚上，師父嚴厲訓斥他，喚來黃巾力士（황건역사）把他這個「罪人」送進酆都（閻王之城）去受審。性真到了閻王面前，發現八個仙女也在那裡——被她們侍奉的真君娘娘送進來——，閻王問了他們幾句話，便派九個使者率他們往人間去：

……大風倏起於殿前，吹上九人於空中，散之於四面八方。性真隨著一個使者被風吹來吹去，飄飄搖搖，終於風聲一停，兩腳踏到了地面上。

性真收起驚魂，打量周遭，只見蒼山盎盎而四圍，清溪曲曲而分流，草間散布著十餘戶竹籬茅屋，幾個人站在附近交頭接耳。性真聽見他們說：「楊夫人過了五十還能懷胎，奇哉奇哉！」「但她已臨產多時了，也沒聽見屋裡傳出啼哭聲，我看令人擔心哪。」

性真默默思道：「想不到今日真的換我投胎了。瞧我這副樣子，顯然只剩個精神，骨肉還在蓮花峰上，料此刻已燒成灰燼。我又沒弟子，誰替我收拾舍利？」想到這裡，不免傷心。

須臾，性真看見使者從一間屋子出來，招手要他過去。使者告訴他：「此地乃大唐國淮南道秀州縣，此家乃楊處士之家。楊處士和他妻子柳氏便是你未來的父母，汝等前世有緣。快進去罷！以免錯過吉時了。」

性真聽話走進屋中，看見一個葛巾野服的男人坐在中堂，對著爐火煎藥，藥香藹藹撲來。內室隱隱傳來女人叫痛的聲音。

「就是現在！快去！」使者催促。性真躊躇起來，使者從後面朝他推了一把。性真嚇得猛往前撲，忽覺天地翻覆、神智昏沉、無法呼吸。他大叫：「救我！救我！」但聲音好像卡在喉嚨裡出不來——直到都化成小兒啼哭的聲音。

主要神祇

朝鮮佛教徒最尊敬的神聖存在是釋迦牟尼佛、彌勒佛以及阿彌陀佛。釋迦牟尼是教導人們佛法的佛祖，彌勒則是佛教信仰中的未來佛。佛教經典中敘述，彌勒出身婆羅門家庭，是釋迦牟尼的弟子；彌勒目前是菩薩，但釋迦牟尼指定他為繼任佛，因此他會在億萬年後佛法已不存在時降生救世、度化眾生、使人間成為淨土。在朝鮮半島，盤起一腿、手指輕觸腮幫子的沉思彌勒像（半跏思惟像）相當流行——據說日本的同類佛像也是由朝鮮傳入。彌勒猶如彌賽亞般的形象也是其受到崇拜的理由。不過，後來在朝鮮半島以及東亞民間更為流行的是另一種淨土信仰，主佛就是阿彌陀佛。阿彌陀佛又稱「無量光佛」（Amitabha）或「無量壽佛」（Amitayus），後面兩個漢字詞彙都是其意譯名字。據說他在十劫（約一百三十億年）以前發願拯救眾生而成佛，從此生活在他所建立的西方極樂世界。因此無論身分高低貴賤，只要真心行善並且勤念阿彌陀佛，達到菩薩或阿羅漢的地位，就能往生阿彌陀佛悠然講佛的西方淨土，不再受世世輪迴之苦。（這也就是元曉率先傳播給新羅老百姓的淨土信仰。）

高麗大藏經

佛教經典在梵語裡總稱為「三藏」（tripitaka），直譯是三個籃子。這是比喻經藏（佛陀說的道理）、律藏（佛陀給僧眾的戒律）、論藏（佛陀弟子們的論述）三種類別的佛典。在東亞漢字圈，費時數年甚至數十年，彙編所有已知佛典並手抄或版印的超大全集也被稱為「藏」或「大藏經」。而世界上現存珍貴的大藏經之一就是高麗王朝刻製的高麗大藏經。

高麗大藏經於十一世紀開始動工，歷經七十年才完成。其中內容比對了北宋大藏經

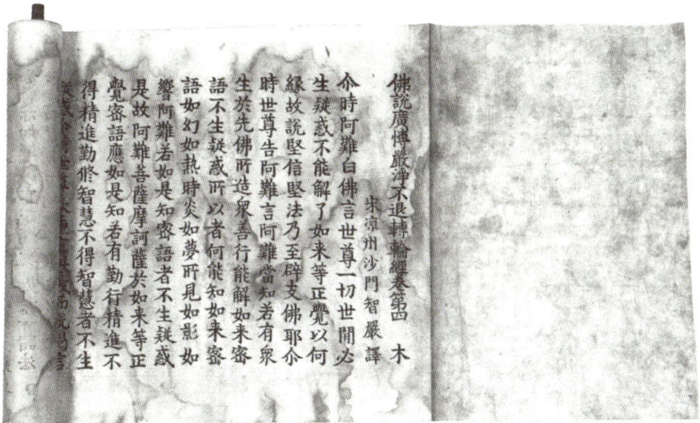

佛說廣博嚴淨不退轉輪經卷第四　木
宋涼州沙門智嚴譯
尒時阿難白佛言世尊一切世間必
生疑惑不能解了如來等正覺以何
緣故說堅信堅法乃至辟支佛耶尒
時世尊告阿難言阿難當知若有衆
生於先佛所造衆善行能解如來密
語不生疑惑所以者何能知如來密
語如幻如熱時炎如夢所見如影如
響阿難若如是知密語者不生疑惑
是故阿難菩薩摩訶薩於如來等正
覺密語應如是知若有勤行精進不
得精進勤修智慧不得智慧者不生

上：高麗大藏經的印刷木版，收藏在專門設計的四棟木造殿宇中。
下：高麗大藏經一頁。

和遼國大藏經，並且不只有大乘三藏、小乘三藏，還補充了中國高僧和朝鮮本土僧人的佛學撰述。然而，這個初雕版在一二三二年蒙古入侵時毀於戰火。幾年後，實質掌權的武臣崔瑀在蒙古進逼下帶著王室和京城百姓退避江華島。為了祈求佛祖保佑高麗，他設立「大藏都監」，開始重雕大藏經。這一版又花了他們十六年才刻完，總共刻成八萬多塊木塊，故有個「八萬大藏經」的別稱。這些木塊全部連起來比白頭山還高，經過費工費時的防腐處理，包括浸泡海水三年、風乾三年等等步驟。高麗大藏經的木版完成後首先收藏在江華島上，後來於一三八九年移到了南韓伽倻山的海印寺，搬進了專門設計的「藏經板殿」，在這個善用自然原理製造溫度、濕度等理想條件的建築群中已經保存了驚人的六百多年。

對朝鮮佛教徒而言，菩薩是與佛不同的一種神聖存在。菩薩（bodhisattva）梵語是由「覺悟」與「有

三國時期的一尊金銅半跏思惟彌勒像。彌勒信仰在該時期很興盛，尤其於貴族階級中。

情」兩個字根構成的，後者是指一切具有情感的生命。換言之，菩薩是覺察了眾生的情感和痛苦的人；他們已經覺悟到高深境界，有成佛的資格，但還未成佛，一部分理由是他們發誓不度盡苦海眾生就不成佛。菩薩經常被描繪為具有助人的特殊力量，或呈現為站在佛左右的脇侍。例如一個常見主題是西方三聖（在朝鮮半島叫「阿彌陀三尊」（아미타삼존」）——中間呈現阿彌陀佛在他的快樂淨土，左邊站著觀世音菩薩，右邊站著大勢至菩薩。

事實上，觀世音（avalokitesvara）是韓國人最熟悉的菩薩，以及朝鮮佛教重要的神祇之一。「觀世音」是這位菩薩的其中一個漢字譯名，意為「觀照世間的聲音」（梵文原意近似「俯瞰傾聽一切的神」），也被簡稱「觀音」。觀音有時被呈現為有千手千眼，能看見和幫助一切苦難，是慈悲及憐憫的代表。觀音菩薩的形象傳入東亞後漸有陰柔化的傾向，最初在印度其實更像男神（一部三世紀左右的經書稱其為「勇猛丈夫」，朝鮮半島一些古畫像中還能看見留有兩撇小鬍子的觀音，可能是中國唐朝傳入）。佛和菩薩在一些文化中本來被表現為中性或無性別的；亦有人認為觀音形象之所以轉變，是因為進入漢文化圈後逐漸與道教的女神仙或儒家的慈母概念混同。不難看出，這位菩薩娘娘的形象與聖母瑪利亞也有異曲同工之妙。

朝鮮儒家

儒家思想雖然早早就傳入了朝鮮半島，但在十三世紀晚期儒學大興之前，影響力還無法與佛教比擬。三國、統一新羅和高麗都以佛教為國教，但十四世紀起，朝鮮王朝開始採取崇儒排佛的政策，儒家教誨可以說正式取代了佛教的地位。今天的南韓被稱為全世界儒家色彩最重的地方。

當時，壟斷文武官職的貴族階級「兩班」開始大力研究「性理學」（성리학），即中國宋朝學者朱熹所創的一派儒學。朱熹對於佛教抱持批判的態度，並且偏好孔子（儒家開創者，生活在西元前六世紀至前五世紀中國）以來的儒家傳統中形而上的部分。朱熹不只選取並建立了對四部儒家經典「四書」的研究，對通常被歸類到道家經典的《易經》也熱衷鑽研。他主張所有人都「性本善」，惟出生後會受到物質世界的影響污染，但人可以透過奉行儒家美德來「存天理、滅人欲」，使心回到正軌。（雖然朱熹批評佛教，但能看出他的學說可能也受到佛教中清淨不受污染的「本性」概念影響。）

一九八〇年代的一對婚禮鴨子。韓國人會送鴨子（時常長得就像綠頭鴨）給新婚夫妻，象徵終身相伴。

科舉考試

在特殊武舉考試中取得狀元的神射手李春琦，衣服上的是神獸獬豸（見頁一二〇）。

在性理學傳入之前就已於朝鮮社會生根的一個儒家思想重要層面，是選拔官員的制度「科舉」（과거）。朝鮮科舉制度始於高麗王朝初期的西元九五八年，部分建立在中國唐宋傳來的對文人治國的嚮往上。科舉考試只有特定階級以上的男人能參加，必須作詩賦、論政策並考驗引經據典能力，能在這些考試中取得頂尖成績的人才能獲得高階官位。朝鮮宮廷也效法中國宮廷，建立了由儒者主持並主管科舉的國家教育機構，在不同時期稱為太學（高句麗）、國學（統一新羅）、國子監（高麗）、成均館（朝鮮）。

科舉在朝鮮社會中占據如此核心的地位，以至於開始帶有神話色彩。很多歷史名人都傳說是該屆科舉高中狀元、被國王親自祝賀的人物。

朝鮮儒家（朝鮮人也用「性理學」代稱之）教誨的基石是「孝道」（효도）。這是一套涉及行為準則和品格養成的人倫關係規則。儒家思想中，不同的關係適用不同的規則。首要的五種關係為父子、君臣、夫婦、兄弟、朋友，前四種都有階級之分。

父子、君臣、夫婦、兄弟的關係中，前者高於或先於後者，應該以公正且體諒的方式對待後者，而後者要遵從他們的指示及輔佐他們。完全同齡的朋友沒有階級分別，可以相知相惜和平等合作，但只要有一點點年齡差異，就適用兄弟之間的規則。（這就是為什麼在韓國，人們初次見面就會詢問對方的年紀。）孝道基本上是一種長幼倫理，「晚輩」要尊重和關心自己的「長輩」，以回饋他們的照顧和指引。

朝鮮儒家的另一核心信念關乎性別角色，即所謂「男主外，女主內」——所有與「外面」社會生活相關的工作都由男性主掌，女性則主掌「家裡頭」的事務。雖然這種「理想」似乎從未真的落實在底層老百姓的生活現實中（舉例來說，農家的女性一向需要和男人一起下田工作，而且到鬧哄哄的市場買菜從來都是女性的任務），但它深刻影響了人們思考世界的方式，並透過神話和文學——尤其是那些描寫兩班文人仕女的故事——進一步被鞏固。

說朝鮮社會方方面面都受儒家教誨影響並不誇張；就連今天韓國企業的結構都建立在

長幼倫理的框架上。韓國特有的「考試村」——由各種各樣的補習班、考試院（專租備考生的便宜套房）、食堂、溫書中心構成的城中聚落——也是狀元夢的一種特殊遺緒。

特色與祭儀

儒家教誨算不算信仰一直是個爭論不休的問題。有些人認為它只是維持社會秩序與階級的一套思想典範。朝鮮歷史上，尊崇儒家的一派往往視薩滿信仰和佛教信仰為迷信而予以打壓。巫俗尤其與瀰漫男尊女卑思想的儒家教誨水火不容——不僅由女性薩滿主導，裝扮還經常打破傳統性別印象（「女人能靠巫業獨立謀生」可能亦為儒家秩序守護者反對它的一個原因）。至於佛教，朝鮮儒學士就像他們敬佩的大儒朱熹一樣，對之頗有微詞。雖說儒家基本上沒有廟宇或祭司，但道教其實也是如此。總的來說，儒家對朝鮮半島的影響遍及所有領域，包括信仰領域，因此我們還是將它放在這個章節一併討論。

朝鮮儒家最顯著的傳統儀式，是在忌日或特定節日擺放豐盛的供品祭祀祖先（這在韓語裡就叫「祭祀」（제사））。祭祖活動也許從史前開始就存在了，但在朝鮮半島儒化的過程中逐漸建立了一套固定的形式語言。秋夕（추석，又稱仲秋節）和新年（설날，陰曆新年，漢字寫為正朝、正日或正初）也要祭祀，程序包括準備指定類別或顏色的水果、肉

上：墓塚前的一張供臺。

下：傳統「祭祀」── 在朝北的紙屏風前設漆桌，並排列豐盛的供品（魚、雞、水果、糕點、油煎物、供每位祖先使用的杯碗等），後方放置祖先牌位與蠟燭。

類、傳統菜餚等等——有時會非常大桌——全部排放在供桌上（有些固定放前面後面或東邊西邊），然後全家成員一起聚在供桌前，按照指定順序向祖先敬酒及獻祭，並於餐後回來獻茶。

在韓國，人們通常假定其他韓國人也會依照傳統進行祭祀。即使是個性比較叛逆的人，也很少會挑戰輩分、祭祀、掃墓等傳統規矩。就算是具體作法上遵循教條化規定的程度不同，所有韓國人文化上都深受儒家薰陶。韓國的幾乎所有神話與民間傳說中都能找到與儒家價值相關的主題。

儒家與女性

儒家思想對於朝鮮半島上女性的影響不能不提。朝鮮儒家教誨中，男性永遠優於女性，女性終身都必須為家庭中的男性成員服務，出嫁前侍奉父親，出嫁後侍奉丈夫。女性也被期待為兒子獻出一切，許多韓國民間故事都能看出這一點（見頁一四四）。傳統上，韓國女人被強烈期待早點嫁人、不要在超出特定範圍的領域受教育，也不要在職場上擔任比男性重要的職位。

瞧不起女人的書生

民間故事透露了傳統朝鮮儒家看待女性的矛盾態度，以下選了兩個例子。

有個年輕書生在進京趕考的路上急著想小便。他對著路旁撒尿，穿起褲子的時候聽見有個女人的聲音：「公子！下妾對你感激不盡。下妾死時未嫁，不能入宗祠，只得草草葬在這裡。今日喜獲公子恩澤，終於得以無憾去投胎了。」原來是個女鬼！書生嚇壞了。他繼續上路，順利參加了科舉，竟然高中狀元。

另一個民間故事有相似的主題，但說的是招惹女鬼的危險。傳說有個書生小便在無名的女人墳上，輕薄問道：「涼乎？」「涼。」有個聲音說。不會吧？他又問：「溫乎？」「溫。」聲音又答。書生嚇得跑了，但女鬼追著他，來到一間客棧，書生回頭對女鬼說：「你行行好，在這裡等等我吧。我去打些燒酒來祭你。」他走進客棧，接著便從後門開溜了。數年後，他來到同一間客棧，遇見一個貌美的女子。他和女子攀談甚歡，說起從前在這裡騙倒女鬼的故事。「好呀！原來就是你！」女子說，搖身一變成了隻九尾狐（見頁一一五）。「你說的女鬼就是我。我可是一直在這裡等著呀。」然後她就把書生吃了。

雖然同樣與輕蔑的小便意象連結，但第一個故事裡，女子卑微乖巧，感激書生的對待，第二個故事裡的女子則化成了嚇人的千年妖怪。

朝鮮神話中，那些違反儒家價值——有野心、想掌權或無視儒家秩序——的女人通常會遭到嚴辭詆毀。一個好例子是朝鮮肅宗的禧嬪張氏的故事。禧嬪本名張玉貞（一六五九～一七〇一），可能年紀很輕就入宮了，三十一歲時晉升為肅宗的王妃（正妻），但只五年又被降為嬪，最終遭到賜死。她在文學和民間故事中都被刻畫為奸詐小人，雇用巫師來詛咒和她角逐地位的善良王妃仁顯——仰仗巫術、詛咒等等「邪門歪道」是特別違反儒家精神的。野史甚至說，她在死前為了報復肅宗，親手扯下了自己兒子的睪丸，使得日後的景宗生不出子嗣（在儒家崇拜者看來可能是天理不容的舉動）。禧嬪最後被下令服毒自盡。在較近期的影視改編作品中，她的死被表現為一種英雄式的反抗，不只是傳統觀點下的罪有應得。

基督教

一些出土的古十字架等物顯示，基督教的聶斯托留派（Nestorian）——古代漢字圈所謂的「景教」——可能早在十一世紀就已經來到了朝鮮半島。不過，基督信仰有紀錄地正式傳入已是十七世紀初的事了。大鬍子的外國人從海上來到東亞時，朝鮮採取鎖國政策，因此首批天主教書籍是由一位外交軍事大臣李睟光從中國當作研究資料帶回的。一七五八年，英祖下令禁止天主教；他認為這些正在傳播的新思想有潛在顛覆性。但這段期間已有一些兩班子弟對西學和天主教熱中起來了。其中一人李承薰隨著他任官的父親到了北京，一七八四年在北京受洗，成為朝鮮第一位天主教徒。他回國後成立了一個天主教會，與為數不多的教友和來自中國的傳教士一起開始熱情但祕密地宣揚他們的思想。

西方傳教士、教育與醫療

朝鮮近代史上，教育與醫療的推廣經常與基督教的推廣交織在一起。一個顯例是今天南韓著名的大學之一——基督新教私立延世大學的創立。延世大學是由兩所大學合併而成，它們的前身分別是朝鮮最早的現代醫院「廣惠院」（創立者為美國外交官、醫生兼傳教士安連〔Horace N. Allen〕，後來高宗將之改名「濟眾院」），以及朝鮮最早的現代大學「儆新學校」（創立者為同樣來自美國長老教會的傳教士翻譯家元杜尤〔Horace G. Underwood〕）。另一所南韓名校——梨花女子大學也是新教傳教士創立，創始人為美國衛理公會的傳教士教育家施蘭敦夫人（Mary Scranton）。一八八六年開設時，它是朝鮮第一間女子學校。高宗為了紀念女性教育之始而為學校賜名「梨花學堂」。

梨花女子大學校徽。

傳教與殉教

當時，貴族中的保守派判斷這種新思想會威脅「儒家正學」和他們的統治權威，開始對逐漸壯大的天主教社群進行一系列掃蕩。李承薰在殺害三百人的「辛酉迫害」（一八〇一年）中被斬首，成為朝鮮最早的天主教殉道者之一（他的兒子、孫子、曾孫三人也都死於殉道）。十九世紀見證了天主教在朝鮮半島傳播的血淚史。一八六六年，九名法國神父和八千名本土信徒被無情屠殺。但即使在這麼可怕的事件後，依然有不畏殺身之禍的傳教士和信徒繼續活動，直到殉教成了朝鮮天主教堅定強韌的一個象徵。

朝鮮人對巫俗中的神祕主義面向本就不陌生，一些富有個人魅力的傳教領袖也在此時把本土神話元素融合到了新信仰中。新教（在韓國叫「改新教」）成為尤其茁壯的一股力量。一八八三年，從日本受洗歸國的李樹廷組成了第一個新教教會。他積極行動，致信向美國教會說明朝鮮王朝已不再迫害信徒，希望教會協助派遣弟兄姊妹前來宣教。第一批北美傳教士於是抵達「晨靜之國」。這些人很多是不辭辛苦的熱忱醫者和教育家，協助了帝國末年的朝鮮接納現代化的普遍教育（特別是女子教育）、新式醫療和社會改革——有些他們當時設立的醫院和學校至今還在蓬勃運作。基督教文化當時如此興盛，日本吞併朝鮮時，北邊最熱鬧的平壤已經有個「東方耶路撒冷」的別稱。

一些傳教士也在宣教的同時宣揚了他們關於公義、人權，以及建立一個人民作主的國家理想。打從最早期，韓國獨立運動人士和社會運動人士就有很多具有基督教背景（例如刺殺伊藤博文的安重根）。日本殖民時代（兩韓稱為「日帝強占期」〔일제강점기〕），獨立運動導致許多基督教徒被處決、出版物遭禁。不問父親是誰、不問嫡出庶出的基督教成為了某種平民的宗教；「上帝眼中人人都是平等的」想必尤其吸引少數世襲兩班以外的所

有中人（介於兩班貴族和平民之間的人）、常民、白丁和賤民。基督教對女性尊嚴的提倡也啟發了一群早期韓國女基督徒投入政治活動及文化活動。

西方傳教士也將對更大世界的意識帶進了韓國民間。朝鮮教會也許對早期識字率的提升有些貢獻：天主教會規定信徒要學習認字寫字，外國神父和牧師們也為了宣教和教學而率先熟悉了韓國語文。他們之中有些人成為西方最早的韓語翻譯家，包括二十世紀初就向英語世界引介了《九雲夢》等韓國文學經典的加拿大傳教士奇一（James Scarth Gale）。奇一還曾翻譯韓國民間故事選、編纂數本韓英字典，以及參與不只一版韓語聖經翻譯工程。他偏好的聖經譯本文字淺白，相信協助了許多南韓平民理解和皈依基督教。

韓戰（一九五〇～一九五三）平息後，南韓的基督徒人數有爆炸性的成長。戰爭的浩劫和戰後的經濟黑暗使許多人轉向宗教尋求慰藉。教堂變成了活躍的社區交流中心，不只提供心靈指引，也提供社會與經濟支援。

現在全球基督教傳教社群中，韓國的例子經常被引為一個特別成功的先例。事實上，許多南韓基督教徒自己就成了傳教士——今天南韓傳教士的數量在全世界僅次於人口比它多五倍有餘的美國。

十九世紀後半，「隱士之國」朝鮮王國承受外國船艦叩關的巨大壓力。朝鮮王朝面對了幾次「洋擾」，舞臺經常是漢江口的江華島——因為此島距離漢江畔的首都漢城府很近。一八六六年的天主教屠殺事件後，法國聲稱要為死去的九名神父復仇（「爾殺我九人，故要殺爾九千人」），派艦攻打江華島，其真意可能是要逼迫朝鮮開港通商，不料占領島嶼數週後被朝鮮軍擊退。那年稍早還發生過一起引起美國報復的事件：一艘配有大砲的美國蒸汽船順著大同江開到了平壤府，要求貿易，但引起衝突，導致全船二十幾人被殺。一八七一年，美國出動五艘軍艦和一千兩百名士兵入侵江華島，但在造成三百五十名朝鮮士兵陣亡（含一百名投水自盡）後決定放棄占領。最後是大日本帝國拔得頭籌，在一八七六年於江華島和朝鮮王國簽下不平等的《朝日修好條規》。一八八二年，美國成為第二個迫使朝鮮簽約建交及貿易的國家。不落人後的大英帝國海軍也於一八八五年來到朝鮮半島南邊，占領巨文島兩年。

這一切外患使已在民間騷動的一股情緒愈演愈烈，根本原因是朝鮮根深蒂固且嚴之又嚴的階級制度。自從天主教傳入的時代，研究西方的「西學」開始興起。在朝鮮貴族和平民口中，「西學」（或「邪學」）同時也是指西方信仰——即與「儒學」（或「正學」）打對臺的基督教。西學一方面使部分文人認識到了反封建的思想，另一方面也使他們擔心傳統價值會被強勢入侵的西方思想（尤其是科學理性的思想）摧毀殆盡。這兩股力量合流產生了「東學」。

東學的始祖崔濟愚是位外號「水雲」的奇人，他主張要重新定義古代中國傳來的君權神授觀念「天命」，主張人人平等的「人乃天」。崔濟愚的父親是位名儒，但他是庶子，所以根據階級規定身分很低，不能參加科舉。他花了十幾年時間在各地遊歷，接觸到佛教、巫俗和西學，並在獲得一本神祕的祕笈後入山修行數年，最終創造出一套融合主義的本土新信仰——東學。

上：天道教教徽，可看出道教的影響。
下：首爾塔谷公園的圓覺寺址十層石塔。這座公園即是大規模反日獨立抗爭「三一運動」爆發的地點。

東學首重平等、正義和自給自足，在此時稅賦愈來愈重的底層大眾和邊緣族群（例如被定義為「賤民」的巫師、佛教徒、醫女、屠夫、妓生等等）中引起了巨大的迴響，終於發展成一股要求社會改革和政治改革的強大勢力。一八九四年，已經殉教的崔濟愚追隨者帶領各路農民揭竿起義。一個故事說，他們白天繼續在田裡工作，夜裡出動暗殺貴族地主，要求土地財產重新分配給廣大勞動階級（也許這就是日後北韓政府容忍天道教的原因）。「東學農民革命」最後在日本軍的協助下被朝鮮王朝殘忍鎮壓，死亡人數估計可能在十萬到二十萬之間，其失敗可以說注定了朝鮮半島後來被日本吞併和走向現代化的命運。一九〇五年，剩餘的東學黨人正式將他們信奉的「東學」改名為「天道教」。

天道教結合了儒家、佛教、道教、薩滿信仰，乃至於基督教的元素，鮮明的融合主義使之與半島上的其他信仰傳統都不相同。天道教提倡「侍天主」，但此天主非彼天主。天道教認為「人乃天」——每個人不分出身都一樣尊貴——應該「敬天、敬人、敬物」，並透過個人的修行來成為「君子」或「地上神仙」，建立一個人與自然和諧共存的「地上天國」。有趣的是，天道教的許多想法其實走在時代前面，譬如以人為本，又同時強調與環境共生的思維。

文鮮明與統一教

統一教是個爭議性極高的新興宗教。教祖文鮮明一九二〇年出生於北韓。他自述少年時，一個在後山不眠祈禱的深夜，耶穌基督向他顯靈，一臉憂愁地託付他代替自己拯救苦難中的人類，於是他一九五四年於南韓創立了「世界和平統一家庭聯合會」，簡稱統一教。文鮮明表示他組織的目標是統一世上所有宗教，創建神的理想世界。另也值得注意的是，「統一」一詞在南韓首先會令人想到的無非是兩韓統一。

文鮮明是個十足的魅力領袖，雖然強烈反共，但他自己在演說中使用的一套語彙與北韓金氏家族（見頁一六五）極為相似。文鮮明本名文龍明，他為自己起的「文鮮明」三字顯然經過嚴選。「文」在漢字裡是個與文章學問相連的字；「鮮」有「新鮮」、「稀罕」之意；「明」則是「日」、「月」組成的一個形容光芒清澈的字——一個暗示世間鮮有的聰明領導人之名。文鮮明也沒忘了指定名字的羅馬拼法，叫「Sun Myung Moon」（「文」英文慣譯本來就是「Moon」），以便保留「日」「月」在兩邊。日月在道教信仰中有特別的象徵意義，既是陰陽調和也是天地精華，文鮮明在信徒心中可能就像引領人民（或人類）的「偉大太陽」金日成一樣。（耐人尋味的是，在歐美，統一教徒被稱為

「Moonies」，和形容飄飄然的「moony」正好同音。）

統一教的教義為文鮮明早期弟子執筆的《原理講論》，其中充滿借自基督教、儒家等主流信仰傳統的語言和意象。雖說統一教和天道教在融合主義的方面有點像，但統一教在世界各國常被視為或立法明定為邪教。統一教最有名的是「配婚」儀式，邀請數千對互不相識、由教會人員配對的年輕善男信女一起在巨型會場結婚，稱為「聖婚祝福」。統一教引起爭議的還包括透過教友「捐獻」和名人演說累積的數十億美元資產，以及公開的仇同、種族主義、鼓勵槍械等言論。

文鮮明本人一九七一年移居美國，一九八二年曾因逃稅坐牢十八個月。二〇一二年他去世並由妻子接任教主後，統一教演說和活動也跟著減少了，不過近年又因擁護川普支持者國會大廈暴動案以及在安倍晉三遇刺事件中的角色而再度受到注意。

天道教「人乃天」的意思是：每個人的內在都有神性。天是指人的神聖特質，就像基督教中的每個人心中的聖靈，或佛教中的本性。相信每個人都有神聖性推導出的是一種對自我人格養成的重視以及對外在行為的負責。花費數十年思索所有信仰真諦的「水雲」崔濟愚得出的結論是：人應該活得有德，為促進社會和自然界所有成員的生活而努力。

天道教在朝鮮半島歷史的關鍵點上出現，為衝撞體制開了先河。它宣揚的階級平等和社會正義給了邊緣百姓希望和行動力，而且發現行動力本來就握在他們手裡。天道教是個獨特的混種品牌，結合基督教與巫俗的聖祕崇拜、道教的生態意識、佛教的普濟精神，以及儒家的人本主義。這使它有別於其他信仰，在戰後的南韓社會中一直擁有一席之地。

3 鬼魂、神靈與迷信

韓文化與「迷信」有複雜的關係。經典的儒家教誨囑咐人們不可迷信，以符合儒家祖師爺孔子所說的「敬鬼神而遠之」和「子不語怪力亂神」。雖說大原則是如此，但遇到具體小事，人們第一個想到的就是去問巫師。早期讓韓國文學及民間故事和英文讀者見面的翻譯家之一奇一（見頁一〇一）觀察，韓國人——尤其是他最熟的韓國文人們——不太願意在公開場合討論可能被認定為迷信的事，但私底下其實挺相信牛鬼蛇神的。奇一在朝鮮半島待了將近二十年後才有機會讀到傳統鬼故事並將它們翻譯出來。對於理性無法證實的存在或力量，今天很多韓國人也依然抱持這種既否認又相信的態度。

不吉利的禮物

韓國人傳統上不會送人梳子或鞋子當禮物。[1]梳子會把頭髮分開，穿上鞋表示要走了，送人家梳子或鞋子代表你希望關係生變或對方離你而去。如果你剛好就是看到一把特別漂亮的梳子或特別適合的鞋子想送給另一個人，若要避免觸霉頭的話，對方需要付你一點點錢，以表示這是買的、不是送的。送空錢包給人也是不吉利的，所以無論是送小零錢包、皮夾或提包當禮物，都別忘了塞點零錢或小鈔進去。

神靈

朝鮮半島的世界充滿神靈。有些與自然界的某些面向相連，例如山神（산신）。山神也叫山神爺爺，是各種信仰的韓國人都敬畏的一種或一群存在。朝鮮起源神話裡的檀君

[1] 審注：韓國古時即有送梳子之習俗，包括傳統婚禮中亦有。

左：智異山的「老姑壇」，這位「老姑」是守護智異山的神。
右：看起來比較年輕的一位帶花豹虎的山神。

（見頁四六）禪讓之後，據說就成了山神。

朝鮮半島從南到北都遍布著大山小丘，這些山長久被當地人視為神聖的場所，每一座重要山頭都有山神在守護。山神常被描繪為有把大鬍子的白髮老公公，可能帶著一隻老虎或幾個人形的山精靈。有時候山神會手持某種象徵年長或博學的物件，例如拐杖或毛筆。以前人們會樹立一座刻上漢字的石碑來表示對山神的尊敬，但現在更多是設置有山神畫像的小廟。偶爾也能發現罕見的女山神。她們不是山神奶奶，形象比較像道教的仙姑（見頁七二）。雖說每座聖山都有自己的山神，但山神也是一種原型，某意義上可以被視為同一位神。

朝鮮神話裡當然也充滿各種妖魔鬼怪。最常見的是受了冤屈而在世間遊蕩的「鬼神」（귀신，鬼靈的意思）。它們通常是因為有怨念或心願未了才在人間逗留，不一定邪惡或想害人，但一定不開心。如果滿足它們的心願，它們就會安心升天了。所有無法升天的孤魂野鬼在巫俗裡被統稱為「雜鬼」（잡귀）。

鬼故事很常出現的一種鬼叫作蛋臉女鬼（달걀귀신）。通常故事（男）主角都是夜裡在路上走，看見前面有位長髮飄逸、膚色蒼白的女性好像在哭。他好心上前想安慰這位女性，結果轉過來的竟是張沒有五官的臉！故事裡這些女鬼好像都沒有做什麼，只是令人們嚇得要死而已。為什麼大家覺得她們那麼恐怖真是令人費解。也許是因為這些故事通常是在小孩或年輕人聚會的深夜裡搭配手勢和戲劇化的聲音講的吧。

山神與三神

三神山神聽起來很像，實際上完全不一樣。三神（삼신）有時被表現為三位保護嬰兒的老奶奶，有時是單一的神，就叫三神奶奶（삼신할머니，「삼」本來是胎兒的意思）。

三神奶奶會保佑三歲前的小嬰兒不生病，不發生意外。

人們會用米祭拜三神奶奶，有時是用傳統纏帶（腰帶）包起來打結，有時候是裝在甕裡並用紙封口，並把這些供品放在屋內深處的溫暖角落。每個村子都有自己的三神，她有點像人們想像中守護地方的女神婆婆。南韓還有一座山峰叫「三神峰」，可能就是以她命名的。

另一種常見妖怪是夜半經過荒郊野外、墓地、破廟可能遇見的「鬼怪」（도깨비）。鬼怪是韓文化獨有的一種妖怪，據說是染血或弄髒的舊物品變成的，其真面目可能是一把掃帚或一隻草鞋等等。鬼怪會說人話，外表像魁梧漢子，但個性比較像調皮妖精，喜歡捉弄路人或強迫他們跟它比賽（例如比摔角）。鬼怪時常隨身攜帶一些魔法道具，比如一揮就能變出酒食的棍棒，或者戴了能隱身的帽子。它們很多時候被描述為看起來很強，但實際上笨笨的，往往想騙人類玩結果反過來被人類騙倒。鬼怪出現的故事裡，主角經常以智取勝——這些故事也屬於描述機智和以小搏大的一個故事傳統。不過鬼怪通常不壞，甚至還會送人禮物。

九尾狐（구미호）可能比鬼怪恐怖多了，傳說它們會吃人的肝或吸食人的靈魂——吃愈多就能累積愈多妖力。九尾狐基本上都是女性，可以偽裝成貌美如花的女子，為的是誘惑男人，伺機吃掉他們。韓文化裡的九尾狐不一定真的有九條尾巴，也可以單純是指狐仙。有些說法是狐仙每活五百年就會多一條尾巴，變成九尾後就能獲得不死之身。也有些民間傳說裡，九尾狐只要吃掉一百個人肝就能永遠變成人形。

紅藍衛生紙[2]

韓國小學裡流傳著不少怪談，大家最怕的之一是「紅藍衛生紙」的故事。之所以那麼恐怖，部分是因為它太生活化了。這個故事變化版很多，不過其實精髓在於鬼故事講者的功力（比如搭配適時突強的聲音）。典型劇情是有個學生很晚了還在學校裡，想上廁所，只好穿過空無一人的漆黑校舍去洗手間（西方人可能無法體會，不過這似乎是東亞小學生特別怕的一個場景）。他上完廁所要擦屁股的時候，發現衛生紙沒了。這時不知從

2 譯注：作者把這個故事敘述成了「黑白衛生紙」的故事，但依內容來看顯然是日韓非常有名的「紅藍衛生紙」。

哪裡有個聲音傳來，問他：「你要紅色衛生紙？還是藍色衛生紙？」他說「紅的好了」，然後就血液噴湧而出，死了。另一些版本裡，就算選了藍色衛生紙也逃不過一劫——血會被抽乾，直到身體發青，諸如此類。還有些比較溫和的版本裡學生沒死，然而如果選錯顏色，會有隻手從馬桶伸出來。

有個延伸版說，學生逃了，稍晚他又不得不去上廁所，這次有備而來，帶了一把刀。果然！手又出現了！他用力對著手一砍，倉皇逃出廁所。隔天，他發現一個同學看起來氣色很差，不知怎麼印堂發黑，而且整個身體縮成一團。他懷疑跟廁所鬧鬼的事有關，於是去問那同學怎麼了。同學說：「……你砍的就是我的手啊啊啊！」（這時說故事的小孩要忽然跳起來撲向其他小孩）。

事實上，紅藍衛生紙是一個來自日本的鬼故事，但在韓國非常流行，從茅坑版一直流行到沖水馬桶版。二十世紀末韓國的公立學校才開始使用坐式馬桶。而且八〇年代，農村地方還有不少家庭茅坑是單獨建在房子外面，定期會有車子來收「水肥」。生活在那個年代的小孩對於半夜去上廁所或者被抓進茅坑想必有更深的恐懼感。紅藍衛生紙在當代韓國依然很受歡迎，不過高科技社會下的韓國也已經擁有新的廁所怪談——一些都會傳說講述特定公廁裡裝有針孔攝影機，已經將拍到的影像全都上傳網路了。

九尾狐有時被描述為有自由變身的能力，有時則是必須憑藉人類女性的物品、衣裙等等才能幻化成女人。有個鄉野傳說中，一個農人在山谷裡看見一隻白狐狸在磨一個人類的頭骨，戴上頭骨後就變成了異常美麗的女子。狐狸想引誘他，但被他識破，最後他用芝麻鹽年糕（깨소금떡으）當餌將惡狐除掉了。九尾狐和狐仙在整個東亞都有，不過朝鮮九尾狐有個特殊物件——狐狸珠（여우구슬）。這顆珠子在傳說中有類似千里眼的功能，吞下可以上知天文下知地理。但九尾狐都是趁著親吻人類時將珠子送入人類口中，若未及時取出，靈魂會被吸

拿著一支棒槌的鬼怪。

二〇〇八年KBS電視臺製作的恐怖單元劇《傳說的故鄉》其中一集裡的現代九尾狐。

進裝滿狐狸妖力的珠子中。

狐狸不是唯一會化身女人的妖怪。一個同主題的故事裡，主人公發現妻子好像每天入夜後就會變得不太一樣。他起了疑心，趁著妻子睡覺的時候抓住她的手不放，結果天一亮，妻子變回了一隻石虎。

龍

各位也許已經從前面章節中發現，龍（용）是在朝鮮神話穿進穿出的一種關鍵生物。佛寺和王宮經常滿是龍雕和龍繪，一說是這些龍能辟邪。朝鮮半島各地的地名、建築細節、故事、詩畫中都能看見龍的身影。朝鮮王朝的世宗大王——組織學者發明韓文的人——曾倩人創作用白話韓文書寫的第一篇史詩《龍飛御天歌》（용비어천가），內容詠頌他的太祖父到祖父為止的王室祖宗「六龍」的傳承。

朝鮮神話中的龍與漢族神話中的龍共享許多特質，強調龍在靈性方面帶有的巨大力量。龍就像西方的獅頭羊身蛇尾怪奇美拉（Chimera），是混搭多種動物特徵的奇幻生物。牠有駱駝的額頭、鹿的角、鯰魚的長鬚、蛇的身體、魚的鱗片、鷹的爪子等等。龍在東方的五元素系統裡屬木或屬風——據說龍掌管風雨，而天上有風暴是有龍在打架。龍被與青色或蒼色連結，就像天空和玉一樣；不過同時龍也與大海或巨大湖泊相連，人們認為不只海，每座大湖底下都藏著自己的龍宮和龍王。傳說有一種「龍火」，在水裡也能燃燒，但會被普通的火撲熄。南韓風水師尋找吉地的時候，會把他們觀察的地形能量描述為「龍」。在朝鮮藝術裡，龍時常半隱於雲霧間，強調了龍總是與天上或仙界相連。

龍沒有翅膀，但可以飛。據說這是因為牠「頭上有一物……名尺木。龍無尺木，不能升天」。不過這個「尺木」在傳統故事和藝術中似乎沒有得到太多描繪，反倒是另一句同樣傳自中國古書的「頷有明珠」獲得不少強調。龍在繪畫裡時常叼著或抓著一顆龍珠出現，是龍的靈力結晶（有點類似狐狸珠的善良版本）。龍背上有九九八十一片鱗，但其中的六六三十六片是逆鱗：在漢字圈，奇數和偶數分別被認為是「陽數」和「陰數」，所以九九鱗的龍為至陽的象徵（儘管六六逆鱗暗示它也有邪惡的一面）[3]。龍在

一個龍龜造型的青釉執壺，高麗中期製作。

3 譯注：六六鱗在中文裡是鯉魚別稱，好像倒沒有特別與龍相關。

朝鮮神話和民間傳說中幾乎總是被呈現為正派、吉祥、光明、良善的，不過甚少有機會當主角，通常都在故事裡跑龍套。

化龍

以龍為主題的傳說故事中，主軸經常是一隻不是龍的生物想變成龍，歷經重重考驗終於成功。一個此類故事裡，有個單純的秀才無心中介入了一頭大山豬和一條大蛇的戰鬥。他倆都想成為龍，為了決定誰能遂願已經纏鬥千年，都被困在這場戰鬥中。秀才的親切使蛇勝出，化龍飛去。為了報恩，她保佑了秀才和他的整個家族。類似的一個故事裡，交戰千年的是蜈蚣精和蛇精，但這個故事中的青年主角幫助的是蜈蚣，得到蜈蚣的庇佑。（這是極少數蜈蚣被描述為正派的故事。東亞神話中，蜈蚣通常都不是好東西，被描述為代表巫蠱的大魔頭。韓國的蜈蚣與蛇傳說可能是山豬與蛇傳說的變體，但其中的蛇不知怎麼被妖魔化了，也許受了基督教象徵系統的影響。）

魚——尤其鯉魚——經常被連結到化龍的渴望。一個韓國的鄉土故事說，有條鯖魚作了個「龍夢」（指夢見自己成龍，是大吉之兆）。牠去找一條比目魚解夢，嫉妒的比目魚告訴牠這個夢非常不祥。鯖魚察覺被騙後，狠狠甩了比目魚一巴掌，打得比目魚直到今天兩顆眼珠子還掛在同一邊。

在朝鮮半島，人們相信如果動物非常高壽、非常尊貴或道行非常之高，身上會出現一些龍的特徵，例如龍的鱗片或龍的臉。半龍的神話生物經常在朝鮮民間藝術和宮廷藝術裡出現，最常見的是「龍龜」。龍龜那麼受歡迎，可能是因為烏龜是道教信奉者很喜歡的動物——古代道士是用龜甲卜卦的，而且人人都知道烏龜很長壽。

另一個半龍生物的例子是朝鮮的大木魚。木魚是一種佛教法器，但並非源自印度，更可能是融合儒道文化的中國佛家首先採用，然後傳播到同樣融合主義的朝鮮半島來。它是一種木頭作的魚形樂器，敲擊會發出令人平靜的獨特聲音；禪宗僧人會搭配此節奏誦經，淨土宗的僧人則會一邊敲它一邊專心念誦阿彌陀佛。不過很多人不知道，木魚傳入時其實有兩種形式，在朝鮮半島，小圓木魚叫作「木鐸」（목탁），另外一種大木魚才叫作「木魚」（목어，中文常稱魚梆）。大木魚有著龍首魚身的神獸模樣，它真的就是一條魚的形狀（小木魚其實不大像魚），但有龍的顏色、頭、鬍鬚，而且通常銜著一顆龍珠。大木魚會掛

左：慶尚北道浮石寺的木魚。
右：首爾景福宮外的石獬豸，看守著朝鮮王朝的最大宮殿和王室居所。

在寺廟廊下作為象徵裝飾，據說這是因為魚睡覺也不閉眼睛，正可警惕佛家弟子晨昏不懈。它也是木製的空心樂器，僧人會在宣布用齋或集會時以兩支小槌擊打木魚使大家注意（很符合其「警醒」的象徵意義）。

其他混合多種動物特徵的朝鮮神話生物包括四足的獬豸（해태）。獬豸有鬃毛，乍看頗像威風的獅子，但仔細一瞧會發現牠有鱗片，而且頭頂上有一根角。獬豸「性忠」，會在人們起糾紛時用角頂向不正直的一方，是主持正義的象徵。據說牠喜歡住在水邊，故能避免火災發生，是一隻很討喜的瑞獸（所以是首爾市的吉祥物）。獬豸的形象極像中國石獅（其原型為北京狗）或西藏雪獅，是人們心中能為地方辟邪招福的守護神。也因此，牠們跟石獅一樣經常在守門，會成雙成對坐鎮在寺廟或其他重要地點門口。南韓零食老牌——海太（HAITAI）——就是以獬豸命名的，早期商標是一對相望的獬豸。

麒麟（기린）是另一種神話裡的奇妙「四不像」。牠在古文獻裡被描述為「似鹿獨角毛獸」，也有說牠龍頭、鹿身、牛尾、馬蹄、馬鬃，眾說紛紜。最早的朝鮮繪畫裡還有梅花鹿般的麒麟，但統一新羅以後就定型成了在雲間奔馳的馬形生物。麒麟在韓語中也是長頸鹿的意思，因為據說十五世紀中國使者初次帶著幾隻長頸鹿回到亞洲時，被驚奇的人們喚作這個名字。麒麟在神話中是一種異常仁慈的生物，牠不願意踩草或蟲，甚至角上還長有厚皮，以防誤傷無辜的動物——或許因此佛教徒和儒家文人也很喜歡牠。麒麟被與聖賢降世（或辭世）連結在一起。朝鮮官服和鎧甲等會繡上不同動物圖案區別階級，現存麒麟胸背官服推測是十九世紀後半強勢處理「洋擾」的著名攝政王——興宣大院君穿戴的。傳說高句麗始祖朱蒙（見頁五〇）升天時有隻麒麟來接他。

鳳凰（봉황）和麒麟有點像，被認為是祥瑞或神聖之人降世的徵兆，地位僅次於龍。但鳳凰和龍被視為一對，因此鳳凰經常出現在朝鮮半島的后妃飾品上。鳳凰在古中國傳說是鳥類型態的奇美拉生物，主要像雉雞，但又有蛇頸、龜背、魚尾和五色羽毛等等，而且不老不死。進入朝鮮後，牠可能與古代東亞的三足烏（삼족오）崇拜——高句麗墓穴壁畫裡常見的一種三腳烏鴉——或與北方遊牧民族相似的天空及鳥類崇拜融合。更晚一些，這種聖鳥也時常被連結到彩色鳥的代表——孔雀。孔雀在朝鮮佛教中有特殊意義，因為孔雀

上：蓋子上坐著麒麟的高句麗青釉香爐，或許用於宮中祭祀。
下：一個高句麗的鳳凰金簪。

是消災解厄的「佛母大孔雀明王菩薩」的象徵。這位密宗神祇在朝鮮的形象有點像千手千眼的觀世音菩薩（而且孔雀尾羽上也有「千眼」），向之祈求克服災難的「孔雀明王法事」（공작명왕도량）在不平靜的高麗時代特別流行。

虎

雖然說「白頭山虎」（백두산호랑이，即西伯利亞虎）已從朝鮮半島上消失一段時期了，但虎直到今天仍是韓國的代表動物，受到韓國人的特別喜愛。朝鮮半島的形狀被描述

為一隻腳朝黃海、面對中國東北的老虎；歷史上由南韓主辦的兩次奧運（一九八八夏季奧運及二〇一八年冬季奧運）都選了老虎作為吉祥物。虎從檀君朝鮮（見頁四六）等起源神話就開始登場在韓國人的故事中，而且被視為一種因為勇猛精明而不輸任何動物的生物。從前人們相信虎的繪畫可以辟邪。朝鮮民間故事時常以「在那老虎抽菸斗的時代……」開頭，來代替「從前從前」。

儘管牠們是山神爺爺（見頁一〇九）的好朋友，但老虎在許多廣為流傳的民間故事裡總想把大家吃掉，會被聰明無害的小動物擊敗。一個經典例子是〈兔子判官〉。故事說的是有隻老虎不慎掉進了陷阱裡。我們的人類主角恰巧經過，聽見老虎在呼救，在老虎再三保證不會吃他之後將老虎放了出來。老虎當然是騙他的，張嘴準備拿他開齋，男人趕緊提議他們先去找幾個其他生物評評理。首先他們問了松樹和牛，但松樹和牛都說人類對其他生物很壞，被吃掉也是活該。他們又去問兔子，兔子說要判斷誰有理，得先還原一下事情的來龍去脈。所以老虎回到陷阱裡去——然後就出不來了。兔子說，看來如果男人當初沒救老虎，就不會有這樣的紛爭了，並總結道：「沒有誰——即使是人類——應該因為好心腸而受懲罰。」

另一個小生物嚇退大老虎的故事是〈老虎與柿餅〉。這個故事裡，一隻老虎從山上下來，聽見有小孩在哭。牠發現聲音是從一戶人家傳來的，於是攀住窗沿朝裡看，看見一個母親正數著可怕動物的名字想阻止小孩哭鬧。「別哭了，山上的動物要來把你抓走了！看，有狐狸！有熊！有老虎！」小孩還是繼續哭。老虎心道這小娃兒可真勇敢，不過想想還是把他吃了吧。這時候，母親說：「看，有柿餅。」突然小孩就不哭了！不知道柿餅多可怕，老虎立刻夾著尾巴溜回山上了。

甚至有個傳說裡，因為老虎敗退，才有了太陽和月亮。故事講述很久以前，有隻老虎吃掉了照顧一男一女兩個小孩的老奶奶。牠想接著謀害兩個小孩，但他們憑藉妙計逃到了天上，追上去的老虎掉下來摔死了。（男孩成了太陽，女孩成了月亮，但女孩覺得被那麼多人盯著看很不好意思，所以他們決定交換，讓人們無法直視太陽女孩。）擊敗老虎的故事之所以那麼受朝鮮半島上的居民歡迎，也許是因為它同時呼應虎患的真實威脅以及被剝削者反抗剝削者的渴望。山脈從南端直通西伯利亞的這座半島過去是有虎出沒的地方，直到日治時代都還有老虎攻擊鄉村地區的紀錄。人們面對老虎攻擊除了靠機智沒有別的辦法。從前在鄉村，人們如果在回到村子前發現老虎尾隨，會大聲喊：「客人來了！」接到信號的村人會迅速放出一條犧牲的狗，所有人就能趁著老虎追趕狗的時候躲進屋中。朝鮮人很熟悉老虎，也知道老虎能多恐怖，這些故事中或許也寄託了他們對打敗壞虎（或貪官污吏、暴君、殖民者及其他掠食者）的嚮往。

韓國國獸

南韓其實沒有正式的「國獸」。但絕大多數韓國人都認為虎是韓國的象徵。龍雖然大量出現在神話傳說裡，但和中國關係太近，不會被納入考慮。兔也有些人喜歡，但在日本殖民時期，日本政府將韓半島的形狀比作一隻受驚跳起來的兔子，引起被殖民的韓國人強烈反感——半島像虎的習慣認知也就是這時開始的。不過兔子在過去朝鮮人心中

朝鮮時期石山（석산）所繪的〈石山筆竹虎圖〉。

很有人氣，常在故事裡扮演拯救大家的智多星。老虎、喜鵲和兔子是朝鮮民間故事的三夥伴，牠們一起抽菸斗的民畫在朝鮮時期很流行。

並非所有民間故事裡老虎都當壞蛋，有些故事裡老虎是很有情有義的。例如一個故事說，有隻老虎被蛇纏住，一個人類搭救了牠。老虎非常感激，在人類自己被另一條蛇纏住的時候反救人類，而且還送人類一條小狗當禮物。人類把小狗養大，狗生了許多小狗，有天，狗忽然都吠起來，怎麼也不肯停，預告有不吉利的事要發生了。人類決定搬家，盼能避免禍事，一家都搬走後，人類又回到舊宅查看，驚見來找他復仇的蛇已經帶著蛇子蛇孫將屋子占滿——聰明又善良的老虎已經知道蛇會回來，才贈小狗來保護恩人。另一個故事裡，救了老虎的是一名和尚（他看見有隻老虎喉嚨被骨頭噎住）。老虎為了送些禮物回報他，將知事的女兒帶來他家。和尚當然不能收這種禮物，護送知事之女回到知事府，知事見他一表人才，想將女兒許配給他，不過最後小姐也決定出家，兩人從此一起過著清修的日子。

狼

朝鮮半島北方過去也有狼，但狼不常露面於民間故事中。上述太陽與月亮的傳說也有狼的變體。此外，狼在一些故事裡有狐狸般的化身能力。然而現今流傳的狼故事多半都是借自西方的故事，包括小紅帽和放羊的孩子。

狼在韓民族的敘事中最顯著的意義之一，可以於韓國現代作家黃順元（一九一五～二〇〇〇）的一篇短篇小說中見到。這篇作品叫〈狼也一樣呀〉（이리도），發表於一九五〇年，但顯然是在隱喻朝鮮半島受日本殖民的一段歷史。該作是個「故事中的故事」，敘事者憶及他聽朋友萬壽（만수／Mansu，韓語滿洲為「만주／Manzu」）的舅舅說過一件舊事。舅舅年輕浪遊時去過蒙古草原，那裡沒有客棧，一個熱情的蒙古人接待舅舅和一個年輕日本人在他家住一晚。他們在蒙古包裡把酒言歡，忽聞外頭有群狼在嚎叫。曾是軍隊裡神槍手的日本人想炫耀槍技，打死那群狼給兩個同伴看。但豪爽的蒙古大哥直接拿走他的槍制止他，告訴他以前有幾個邊境日本兵直接朝狼開槍，結果死得屍骨無存。「你絕不能讓狼聞到血味，只能對空鳴槍。」他說這是因為狼討厭火藥味，聞到火藥味就會走開了。「如果狼一隻一隻來，你也許能一隻一隻殺。但有一群狼的時候就不行了。」可是，狼還是

一直在外面徘徊不散，喝醉的日本人抓起槍衝出去，他們來不及攔阻，他已跑進了黑夜裡。槍聲不斷響起，但幾分鐘後只剩風聲和一些可怕的怪聲音。舅舅和蒙古人知道他凶多吉少，在蒙古包裡等待天明去替他收屍，蒙古人難過地落下淚，舅舅驚嚇又疲憊，不知何時睡著了。醒來時，蒙古人將所有找到的東西拿給他看，日本人連衣服也沒留下，只剩下那把手槍。舅舅很為那前夜認識的人之死悲憤，但他看向那把槍，見乾血上滿是坑坑疤疤的啃痕——顯然都是狼咬的，只想反抗殺死牠們同伴的兇手——「啊，連狼也一樣呀。」他說。這故事暗示即使是狼也會報復，隱含地將韓國人和蒙古人對日本壓迫的態度作類比。

韓國人真的吃狗肉嗎？

考古學家推測，朝鮮半島居民吃狗肉的歷史或可上溯至古代：一座新石器時代（西元前八〇〇〇~前二〇〇〇）遺址中發現了狗骨頭，而高句麗古墓畫當中有一幅畫著宰好待烹的狗肉。在佛教興盛的統一新羅與高麗時期，食狗風氣一度式微，不過到了朝鮮時期，又隨著「食補」的觀念重新流行起來。

狗肉據說能「滋補陽氣」，簡而言之就是能改善虛弱的身體，增進「陽」的力量。

傳統食用狗肉的方式是加入刺激性的蔬菜香料煮成一鍋「補身湯」（보신탕），尤其流行的習俗是在夏季最熱的三天「三伏天」喝這種湯調養體質（巧的是在西方，這三天被叫作「狗日」，因為這是一年中「狗星」天狼星在空中最明亮之時）。補陽被認為也能改善怕冷以及為男性帶來「壯陽」的功效，因此狗肉也被當作冬季進補食材以及愛情魔藥。

一九八八年奧運前夕，國際動物組織走上首爾街頭抗議後，南韓政府下令奧運期間首都禁賣「補身湯」（不少餐館轉移到城外繼續作生意，品名改叫「四季湯」或「營養湯」）。奧運過後，社會上反對食用狗肉傳統的呼聲持續升高。二〇二二年南韓政府的一份報告發現，儘管百分之八十五．五的韓國人表示自己不吃狗肉，該年一整年仍有超過五十萬隻狗被屠宰流入狗肉市場。二〇二四年，南韓國會以壓倒性的票數通過歷史性的禁食狗肉法案，禁止販賣、流通、屠宰或飼養任何食用犬隻。這項法案將自二〇二七年起生效，保留了三年緩衝期，好讓業者有時間另謀生計。

這個「興安嶺另一頭的故事」是敘事者中學時聽到的，他當時寄住在萬壽家，和萬壽分一間房（萬壽爸爸後來去平壤當工廠廠長，萬壽在媽媽死後跟舅舅去了「大陸」）。黃順

元既是小說家也是詩人，善於文字遊戲的他巧妙地為這個標題賦予了多種可能解釋。「이리」（「狼」或「這麼地」）配上表示「連、也」的介詞「도」可以解讀成「連狼也這樣嗎？」或「要到這種地步嗎？」。而「도」也有「道」的意思——小說也許在思索狼的道理或狼的道路。可以確定的是，狼是那些「不被視為人尊重者」的生命代表。牠們有不屈的生命力，會在同伴被殺時群起反撲；而當牠們團結起來，沒人能憑武力使牠們屈服。

兔

兔子在韓國民間故事中多被描繪為小小一隻但無比機靈的狡兔。除了前述的〈兔子判官〉，我們下章會看到的〈水宮傳〉（見頁一三八）也是一個經典例子。民間故事和繪畫中，兔子時常扮演智退惡霸的角色。牠就像朝鮮小老百姓的代表，或者面對強大鄰國的朝鮮半島化身。兔子在朝鮮神話中還有不少其他意義，例如牠經常被和月亮連在一起。從高句麗開始人們就相信兔子住在月亮上，是代表月亮的精靈。這

刻著月亮上的兔子的一個繡本，版畫圖案可以轉印在空白繡布上當刺繡底圖，這是作圓柱形枕頭兩端布料所用。

個信仰來自中國的嫦娥奔月傳說，描述月亮上的女仙嫦娥與她的寵物——會用玉杵搗藥的玉兔。不過朝鮮半島流傳的玉兔故事和中國不太一樣，牠們是在搗米作餅或糕，人們通常沒聽過兔子在搗藥這種說法。傳說中，月亮上還有棵桂樹，玉兔們就是在這顆樹下幫嫦娥搗糯米，或許是要作秋夕要吃的松糕（송편，一種加入松葉蒸煮的半月形傳統食物）。這棵月亮上的桂樹是棵想像的樹，但朝鮮古人常將它與中國草藥典籍稱「月桂」的桂皮連結在一起。韓國第一首現代兒歌〈半月〉（반달）題材就取自玉兔傳說，唱著一隻兔子乘著小船航向銀河，船中央不是桅杆，而是一棵桂樹。兔也是十二生肖（東方版的十二星座）之一，對應到草木、東方。兔子還有兒孫滿堂的吉祥意思。

月下的兔子，以善畫動物聞名的朝鮮文臣趙泰億（一六七五～一七二八）的作品。

十長生圖

朝鮮藝術和文化中，流傳著十種被認為象徵長壽的自然景物或生物。其中很多是東亞共享的長壽象徵，但朝鮮繪畫流行將它們集結同框。這種〈十長生圖〉是朝鮮時期流行的宮廷畫及民畫主題。它們是：太陽、雲、山（或石）、水、松樹、龜、鹿、鶴、桃（道教傳說中有一種生長在仙界的長生不老桃）、靈芝（東亞神話與醫藥觀裡的長生不老菇）。這些象徵都建立在相似的時間循環觀及對恆久的敬仰上，而且在神話中經常有某些相關或相似處。舉例來說，據說鹿有尋找靈芝的能力，而雲經常被畫成靈芝的形狀。人們偶爾會

一幅十九世紀的〈十長生圖〉。

在圖中加入此十物以外的元素，例如月亮——典型的〈十長生圖〉會畫著一輪鮮紅旭日從山後升起，有些繪師在另一邊畫上較白的明月來平衡構圖。

神話植物

南韓的國花是韓語稱為「無窮花」（무궁화）的木槿花。無窮有時間上無盡或空間上無盡的意思，令人想到長長久久或道教的無極（見頁七〇）。「無窮」也被南韓賦予「沒有貧窮」的期許含義；「화／hwa」在韓語中能對應到漢字「花」和「火」的讀音。

楊樹（사시나무）的葉片據說啟發了朝鮮半島用於金冠、金耳環等首飾上的一種裝飾造型，尤可見於統一新羅時期。楊葉與薩滿舞蹈有特別的連結，因為風吹起時，楊葉在樹上發顫的樣子就像巫師起乩[4]。新羅金冠使用的金葉片作工如此細緻，即使放在博物館展示櫃中也總是予人在風裡輕輕晃蕩的印象。

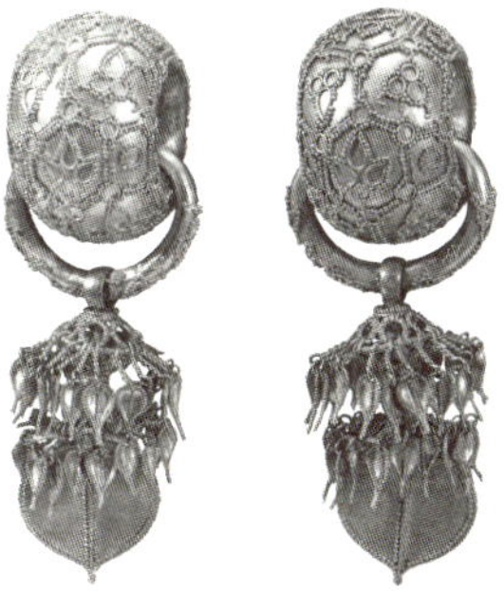

新羅時期的一對金楊葉耳環。

食材寓言

韓國人為什麼吃洋蔥

話說古時候，韓國人是會吃人的。這是因為每個村莊裡都會有些人變成牛，每當有人變成牛了，其他人便把他宰來吃。有個青年非常害怕這麼殘忍的命運，某天他決定從村子出走，去尋找自己的新天地。離開村莊一段路之後，他遇見一個麻子。麻子告訴他，如果吃洋蔥，人就永遠不會變成牛了。竟有這種好方法！青年馬上轉身走回村子去，想告訴人們這個好消息。他走到村口，突然變成牛了！更不幸的是，他的朋友們這時正好打那兒經過。他們看見他，馬上將他團團圍住，打算將他抓起來殺來吃。青年已經絕望了，這時他看見不遠處有個小姑娘抱著一籃洋蔥走來。他拚命撞開人群，邁開四腳跑過去，把牛嘴巴撲進籃子咬住一顆洋蔥……可喜可賀！他變回了人。朋友們為了差點吃掉他驚恐不已，他告訴他們洋蔥救了他一命。這就是為什麼今天我們仍須謹記要吃洋蔥。

韓國人為什麼吃辣椒

據說十六世紀末，在豐臣秀吉入侵朝鮮半島前，狡猾的日本人跑到朝鮮來，在遍地都種滿了紅辣椒。當時日本人看不起「就愛吃大蒜」的韓國人，認為他們食性粗野，想必會被辣椒吸引——最好吃了辣椒通通被辣死，這樣就不必費事出兵攻打他們了。想不到，日本人失算了。韓國人吃了紅辣椒驚為天人，不但半個都沒死，還把辣椒加進他們的所有菜餚中。就這樣，辣椒成了韓國最具代表性的國民佐料。

在傳統民居前院曬辣椒的女人。

4 譯注：此處不知所指為何。楊柳科中有顫楊（quaking aspen），而比楊樹更常出現於韓國民間傳說中的柳樹（버드나무）有時漢字也寫為「楊」。

高麗人蔘（고려인삼）是另一種在韓半島有神話意涵的植物。人蔘本來確實也有醫藥用途，但它在民間信仰中成了一種能治百病的神話植物。人蔘長得很像一個小人的形狀，因此被認為靈力特別強。人們相信種出來的人蔘和野蔘效力完全沒得比，因此專業挖蔘人會前往荒山野地尋找野蔘。這些「蔘民」（심마니）會在出發前先淨身，並向神靈獻上供品，祈求能獲得看見蔘的靈魂或精靈的力量。即使到了很晚近的年代，挖到一株特別像人的野蔘仍然可能使一個窮農民一夕翻身。

一幅巫畫畫著山川奶奶神靈手持人蔘

4 民間故事與傳說主題

朝鮮半島有豐富的口述故事傳統。就算傳統說故事形式逐漸換成了廣播、電影、電視和今天的網路，爺爺奶奶席地而坐（也許抽著菸斗）跟孫子講故事的畫面依然深植於大眾想像中。朝鮮半島人講故事經常用「在那老虎抽菸斗的時代……」開頭，來表示故事發生在很久很久以前，或者發生在子虛烏有朝代。一個民間傳說〈故事靈〉裡甚至有個關乎人為何說故事的忠告：如果你聽見一個故事，卻沒將之分享出去，故事靈會纏著你，最後可能害你喪命！本章將試著整理朝鮮民間故事的幾個重要主題，它們是——機智、女子的美德，以及犧牲精神。

機智

韓國民間傳說中，以小搏大和智取惡霸的主題似乎比世界其他地方更常出現。〈水宮傳〉是個最好的例子。話說有一天，南海龍王得了不治之症，有個魚道士來見他，告訴他此病有一種神奇解藥可以醫：兔子的肝臟。龍王於是召來龜宰相、魷魚祕書，還有鋸魚、鰩魚、鯊魚、黃花魚等等龍宮臣子，從病榻上問他們有誰願意去陸地尋找兔子肝來治好他。

身為深海魚類，龍宮官員都不想冒這種險。大家齊聲推託，只有忠心耿耿的鱉主簿（一種管書冊的官）說他願意接下任務。他往陸上世界游，在一片沙灘上了岸，費了好大一番力氣才找到一隻人家說的兔子。「我是龍王派來的使者，」他爬過去對兔子說：「我們國王想禮聘你到龍宮當官。」他對兔子描述在龍宮裡日子過得多好、食物多好吃。兔子很高興龍王賞識他，坐上鱉的背，和鱉一起潛下南海，到了偌大的龍宮城。他興奮地打量著龍宮的繁華，但沒多久就發現事情有詐。

來不及了，他被魚蝦架著來到龍王面前。「兔子呀，」龍王對他說，「朕很遺憾要殺你，但你的命能救活朕，這是海底下最大的貢獻了，朕願意聽聽你最後的請求。」兔子想了想，對龍王說：「陛下，能救陛下是小的莫大的榮幸，只是小的知道兔肝珍貴，並未帶在身上，早已取下來藏在別的地方。請陛下遣使者帶小的回去一趟，小的立刻將肝取來給陛下。」龍王不是那麼好騙的。但兔子讓魚蝦驗他的身，搭配各種聰明說詞向龍王證實他沒有肝臟。於是鱉又載著兔子游回岸上，兔子跳上岸，罵了鱉一頓便揚長而去，順利脫逃了。

智取惡霸不是動物寓言的專利，有些朝鮮民間故事就直接講述底層小民用機智愚弄把持財富和權力的階級。一個在南北有二十幾種變化版、可能已流傳幾百年的例子是〈狡猾的僕役〉（꾀쟁이 하인）。主角是個有錢老爺的小僕人，陪主人到首爾去。在路上，他用計誘使主人答應給他愈來愈珍貴的東西——從騙主人給他一碗豆子湯（他扯謊說他不小心掉了兩滴鼻涕進去），到篡改主人的信，讓人們以為主人吩咐將女兒嫁給他（他騙一個磨米的女人送他米粉、騙一個賣蜂蜜的幫他把米粉作成米糕，再用蜂蜜米糕騙一個僧人幫他改信）。老爺

抽著長柄菸斗的人們。圖中能瞥見朝鮮傳統背架（지게），幾人戴著時髦的西洋帽。

命人把他裝進布袋丟進河裡淹死，但他金蟬脫殼，回來向眾人說他到龍宮玩得多開心。貪心的老爺和夫人也想去龍宮，跳進河裡送了命，小僕役從此和小姐過著幸福的日子。雖然這個故事本質上關乎階級正義，但主角是個搗蛋鬼般的角色，連農家女人、商人、僧人也照騙不誤。

木刻的兔子和鱉，推測製作於二次大戰結束後。

機智在朝鮮民俗中是一種受到重視的價值，並不只因為它能用來向權貴反擊。聰明才智本來就是過去（及現在）儒家社會欣賞的特質之一，體現在科舉系統的設計裡。許許多多民間故事都以機靈的書生為主角，一個例子是〈聰明的書生〉，講述一位儒者最聰明的學生擔心老師獨身一人，不會照顧自己。他想了個辦法讓全村都相信老師和村裡一位喪夫的女人已經有段戀曲，讓不得再婚的寡婦和沒有妻子的老師結為連理（該故事也寫到了朝鮮儒者被期待一生至少要有一次去孔子誕生的中國朝聖）。另一個民間傳說〈沙桅〉講述一位丞相黃喜怎麼巧妙回應了中國皇帝的無理要求：中國使者帶了一封信來，要朝鮮人用船將漢江所有的水載到中國當貢品；黃喜回信道他們樂意為之，但載水的船須得以沙作桅，奈何朝鮮半島沙子不夠多，還請皇帝先用北方大漠的沙造支三百尺高的沙桅送過來。

一個有名書法家的例子說明了過去朝鮮社會多麼重視教小孩讀書寫字。這是朝鮮中期書法家韓石峯（一五四三～一六〇五）的故事，據說他的漢字寫得如此之美，連明朝學者都感嘆「與王羲之和顏真卿難分高下」（分別是生活在四世紀和八世紀中國的傳說書法家）。故事說，韓石峯小時候家裡很窮，甚至買不起紙，但就連這樣母親也要求他學寫字，所以他都用手指蘸水在河石或陶罐上練習，等陽光將水跡曬乾便可再寫一遍。

李舜臣和龜船

和韓石峯同時代的李舜臣（一五四五～一五九八）是深受韓國人愛戴的一位歷史名將。他出身士大夫之家，一五七六年在選拔武官的科舉考試中及第。他最著名的功蹟是在豐臣秀吉入侵朝鮮的海戰中取得多次奇蹟勝利（這場涉及朝日中三方、從一五九二年持續至一五九八年的海陸戰爭朝鮮史稱「壬辰倭亂」，日本和中國分別稱之為「文祿慶長之役」、「萬曆朝鮮之役」）。當時朝鮮王朝的軍力遠遠不及統一日本之後野心勃勃、想征服天下（已知的整個亞洲，包括琉球、高砂、呂宋、大越等等）的豐臣秀吉。秀吉寫了封信給宣祖，說要「假道貴國」去攻打大明，恐懼的朝鮮人並未回覆，日本人遂以不合作為由向他們出兵。原本，日本人以為能輕易殲滅朝鮮水軍，然而李舜臣的存在打亂了他們的如意算盤。李舜臣憑藉對地形的熟悉制定奇策，帶領朝鮮水兵屢戰屢勝。傳說他是位異常強壯的將軍，隨身佩戴的兩把劍總共要動用四個士兵才搬得動。但他的智謀顯然比武藝還要受人尊敬。

李舜臣發明了一種新型戰船——龜船。這種船據說被一層鐵甲包覆（稱為「龜背」），不只能抵擋箭矢和火砲，上面還布滿尖尖的錐，讓敵人無法攀船。船的兩側設有一些小口，讓船中的百餘名士兵能夠安全地觀察敵人和發射火砲。

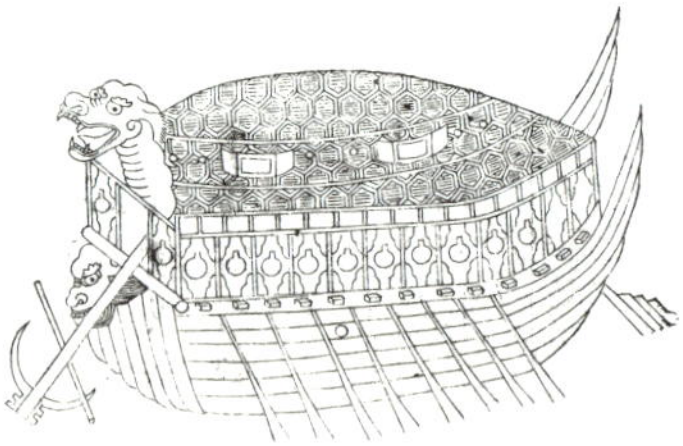

右：光化門廣場上的李舜臣銅像，首爾這座廣場上還有一尊世宗大王像（見頁十五）。

左：龜船的圖畫並未留下，對龜船的首次描繪見於一七九五年（兩百年後！）編纂的一本李舜臣全集中。

為了讓敵軍心生畏懼，李舜臣故意將船設計得像會噴火冒煙的上古神獸，船首有龍頭，而龍嘴巴本身就是一門大砲。他把這種精銳船隻加入其他戰船，在一五九二年的「閑山島海戰」中大敗日本水軍而一戰成名，後來他被政敵陷害遭到免職，但海戰接連失利後，人們又來請他回鍋領軍。一五九七，李舜臣帶領朝鮮的十三艘戰船，在「鳴梁海戰」中奇蹟擊敗一百三十多艘戰船的日本艦隊。隔年年末的「露梁海戰」中，他率領的朝鮮水兵聯合明朝海軍，大潰豐臣死後撤退的日本水兵（數字上看起來仍有他們戰力的四倍強）。這一役總算結束了長達七年的戰事，然而李舜臣自己卻在戰爭的最後一天陣亡了。

李舜臣在南韓被視為一位了不起的民族英雄，即使在西方，也有不少人推崇他為世界歷史上偉大的海軍將領。十七公尺高的李舜臣銅像（腳邊放著小小的龜船）如今還在首爾光化門廣場上注視著他心愛的土地。

韓石峯三歲就死了父親，賣年糕的母親努力攢夠錢，送他到山中名寺去習字十年。年紀小小的他想念媽媽，過了三年就偷跑下山。他回家的那天晚上，母親挑戰他，她將家裡的燭火吹熄，自己繼續切年糕，要韓石峯在黑暗中寫字。母親再將燭光點亮的時候，小石峯看見自己像蚯蚓一樣的字，一旁母親切年糕的檯子上，年糕一如往常漂漂亮亮，每一片都厚薄一致。他羞愧地回到山上，剩下七年每一天都在勤奮練字，終於成為人們景仰的一代書法家。

女子的美德

如同我們在上述韓石峯故事和其他故事中看見的，某些女性美德是朝鮮民間故事一再強調的主題。本節將討論朝鮮故事中「有德」的女性如何同時承受著巨大的痛苦和剝削，並且表現出不凡的堅韌、睿智及悲憫。這些故事中的女人生活在一個規則已定的世界裡，被期待為家族犧牲一切、全力輔佐出現在她們生命中的男人（父親、兄弟、丈夫、兒子）。只有成功撐過所有考驗，從頭到尾都不曾示弱或動搖的女性才算有德的婦女。韓國家喻戶曉的孝女故事《沈清傳》或許是最具代表性的例子。

《沈清傳》被稱為朝鮮三大古典小說之一，成書時間不詳，但原型故事推測可追溯到

朝鮮古人要學的〈永字八法〉——這個「永」字可以用來練習毛筆的八種基本筆法。

新羅或百濟。從前從前，有個雙目失明的儒者沈鶴奎（심학규），大家都叫他「沈瞎子」。他和愛妻郭氏相伴度日，兩人唯一的遺憾就是膝下沒有子女。夫妻誠心向上天祈求後，郭氏終於生下一個女兒，他們興奮地將小女娃取名叫沈清，誰知生產的負擔太大，過了沒幾天郭氏便去世了。沈瞎子為了女兒，決定從傷痛中振作起來——沈清還小時，他會抱著她在全村跑，拜託村裡的婦女餵奶給她喝。在村人的協助下，父女總算撐了下來，只是日子自是過得很辛苦。沈清打從會說話就會出門乞討幫助爸爸，年紀稍大後開始獨自去打零工。

某天，沈清很晚了還沒回來，擔心的沈鶴奎出門找她，在慌忙中跌入了一條水圳。他在水中掙扎，眼看就要溺死了。他破口大罵眼盲的自己，忽然有個聲音從天上傳來：「老人哪，如果你渴望重見光明，就供奉三百石大米給夢雲寺（몽운사），向佛祖祈願吧！」伴隨這聲音，一隻手從空中伸下來，將他拉回了土路上。原來是個過路的和尚！沈鶴奎被感激沖昏了頭，答應向寺院進貢三百石米，等回到家，他才意識到別說三百石，他連一石米都湊不出來。沈清這時也回來了，沈鶴奎將自己遭遇的事告訴了她。那晚，沈清左思右想，還是想不出兌現諾言的方法（而且她也希望向佛祖供奉後，父親能恢復視力）。她睡著了，看見母親出現在她夢中：「孩兒，去港邊吧。你會看見一群在尋找處子的人，跟他們走便能救你父親了。」

隔日，在港邊，沈清發現幾艘商船的船員正煩惱著。他們要去宋國，得經過「印塘水」（인당수）。那裡的海非常不平靜，據說唯有以年輕處女向龍王獻祭，怒濤方會平息。沈清於是以三百石米為價碼，把自己賣了作祭品。沈清上了船，一石又一石的米運到了夢雲寺。沈瞎子這才發現女兒已經走了，但他的視力並未恢復——和尚告訴他沒那麼快。

沈清此時坐在船上，看見海上的天氣開始轉壞。海水好似沸騰一般，帆幔在風中劈劈啪啪，駭人的閃電接連不斷。水手們將沈清打扮得像要出嫁的模樣，把她拉到甲板上，雖然沈清說會自己跳下海，但他們不敢相信她，還是將她手腳綁了起來。沈清在心裡默默向蒼天祈求，飛身跳進了波浪中。風浪安靜下來的同時，船員們不禁都為那勇敢的孝女嘆息。

沈清在水裡下沉，失去了意識。在漆黑的海底，精靈使者來到她左右，用仙藥讓她起死回生，將她帶到水底下一座通明的大宮殿。在那裡，龍王告訴她老天被她的孝心感動，所以才派自己拯救她。沈清在龍宮裡見到了她不曾有機會認識的母親，過了一段幸福的日子。然而，她愈來愈思念和擔憂盲父，轉眼三年過去，沈清每天只想回到陸上去。終於，龍王也被她打動，特地準備了一朵神奇的白蓮花苞，讓她破例重返人間。

巨大的白蓮花苞裹著沈清，上升到了一處河口。當地漁民發現這不可思議的奇花，將之帶進京城去獻給國王。國王不久前才死了王后，深陷在悲傷中，人們希望這禮物能讓他分分心。國王看見花，眼睛亮了起來，他重重打賞漁夫們，將花安置在特別的房間裡，時常在那裡對著花憂鬱地沉思。被運到王宮的沈清不知道該怎麼辦，她會在每天入夜後悄悄從蓮花裡出來，再於破曉前躲回花中。一個有月光的晚上，心煩的國王漫步來到蓮花室，看見蓮花的美再次使他驚嘆，但更美得驚人的是旁邊一個天仙般的女性！「你是什麼人？」他問。「或者是鬼？」

「民女誰也不是。」沈清道。「民女別無所圖，只是暫居此花中而已。」她想躲回花裡去，轉身一看，花卻消失了。國王為她的美麗和謙虛吸引，辦了一場盛大的婚禮，將她迎娶為王后。某天，他發現沈清在花園裡哭泣。為了安慰她，他說他願意實現沈清的任何願望。

「陛下，臣妾只有一個願望，」沈清說。「若能宴請天下盲夫盲女，到宮中祝賀陛下大喜，臣妾便再無所求了。」

真是奇怪的要求，但國王照辦了。連續三天，宮中設置了美食美酒，招待從南到北的盲人都來享用。沈清一直躲在簾幕後偷看，卻始終沒看見她熟悉的身影。

宴席最後一天結束了，人們正關上宮門，失望的沈清轉身走回宮殿，突然聽見背後響起人們吵嚷的聲音。她回過頭，看見守門人正趕走一個來得太晚的老盲人——當然就是她父親。「爸爸！爸爸！」她大叫，「快讓他進來！他是我父親！」聽見女兒的聲音令沈瞎子激動得什麼都忘了。「誰在說話？可是我的沈清？快讓為父看看你！」他連自己失明都沒想到，把眼皮一睜，看見親骨肉站在面前，比他想像中更為美麗。父女倆相擁而泣，全王宮的人都歡騰不已。據說每個當天在宮裡，想看看這感人場面的盲人都恢復了視力。

《沈清傳》與鉢里公主傳說（見頁六四至六七）有不少相似的地方，描述一個孝女為了父親什麼都肯做，包括為父親葬身海底以及嫁給要求她們結婚的強大男性。這兩個故事的源頭或許有某部分重疊，但《沈清傳》更明顯結合了多信仰元素——巫祖鉢里公主般的形象、儒家的孝道精神、龍王等道教神仙、類似佛教的行善必有好報概念——也許更能吸引朝鮮社會的所有人群。沈清集結勇敢、力量、美德以及對君權和父權的絕對尊敬於一身，是個昔日朝鮮不分性別、不分階級誰都能認同的角色。

讓我們再用一個類型迥異的故事為例——鬼故事《阿娘傳說》。它和孝女沈清的故事一樣訴說著朝鮮傳統社會中的女性價值，但描繪的是另一種典型：貞女。故事講述一個乳名阿娘的少女，就像鉢里和沈清一樣從小沒有母親。她跟隨榮升密陽使道（就是守密陽的地方官）的父親到新轄區上任，但某天晚上，她的乳母和一個覬覦她美色的衙役通引密

謀，騙她去嶺南樓（영남루）看月亮。阿娘到了那裡才發現通引想侵犯她，拚命抵抗之下，她被通引刺死，棄屍在河邊的林子裡。使道大人以為女兒和陌生男人私奔了，傷心得辭了官，離開密陽。

此後，每一任新來的使道都會在大半夜看見女鬼——其實那就是含冤而死的阿娘，希望他們替她伸張正義——，但每個人看見她都嚇得要求調職（有些版本血腥一點，說他們全都驚嚇而死）。最後，一個叫作李上舍的新使道抵達。李上舍不怕鬼，阿娘出現時，他答應要替她報仇雪恨。他要求所有的衙役都集合到庭中，阿娘化成一隻黃蝴蝶，停在殺她的兇手肩膀上。李上舍將通引以死罪處決，並找到阿娘的屍身，鄭重埋葬了她。在那之後，他就沒再見過阿娘的靈魂了。

上舍（상사／Sansa）的名字還能寫成許多其他漢字，似乎為這個故事增加了額外的意義層次。除了現代韓語的上司和商社，相思、賞賜、喪事也都與上舍同音。這個故事本身就彷彿一場「喪事」，始於阿娘哀傷的死，終於李上舍為她完成埋葬儀式（為了真正讓她入土為安，他必須為她洗刷冤情）。上舍讀起來也如同「上巳」，也就是三月三的清明節（這項傳統同樣來自儒家，但在中國儒家，三月三叫小清明，真正的清明節在四月），人們會在俗稱「踏青節」的這天出門賞花和思念逝者。

唱反調的小青蛙

許多韓國民間故事以慈母為主題，其中有個詼諧的故事特別出名。故事主角是一對青蛙母子，小青蛙個性頑劣，從來不聽他媽媽的話。青蛙媽媽早就摸透了他的性子，臨終前特別交代他：「兒呀，我死了以後別把我葬在山上，把我葬在水邊吧。」青蛙媽媽一死，小青蛙傷心得痛改前非，決定一生就這麼一次要聽媽媽的話。所以他把媽媽埋在溪邊的低窪地，結果每到下雨，他就擔心媽媽的墓被沖走，呱呱呱呱哭個不停。

朝鮮晚期畫家白殷培（一八二〇～約一八九五）所繪的〈蛙圖〉（개구리그림）。

另一個傳遞傳統價值的方式是在故事中營造好女人與壞女人的對比。一個韓國鄉土傳說〈黃豆娘與紅豆娘〉就屬於此類型。這個故事有「韓國版灰姑娘」之稱，但後半段的尺度可能會跌破各位眼鏡。內容敘述貧苦女孩「黃豆娘」（콩쥐）因為父親再娶而多了位繼母和小一歲的妹妹「紅豆娘」（팥쥐）。繼母和紅豆娘都對她非常不友善，派給她各種不可能的任務來刁難她，例如要她填滿一個破水缸（一隻蟾蜍及時出現，用背幫她堵住了水缸），或者完成絕對做不完的織布工作才能去參加村中難得的大宴會（織女或她死去的母親來救她，不僅替她織好布，還送她一件絲綢衣裳和一雙花鞋）。掉了花鞋的黃豆娘引起過路的金知事注意，靠著鞋子找到她並向她求婚，黃豆娘嫁給了金知事——看到這裡為止都很像「灰姑娘」，但接下來劇情急轉直下。

紅豆娘非常嫉妒繼姊，某天痛哭流涕來拜訪她，假裝已經悔過，在黃豆娘欣然原諒她之後邀她一起到林中戲水。在那裡，她將黃豆娘溺斃在池塘，然後冒充姊姊回到知事府（她說頂著日頭工作所以曬得比較黑），以知事夫人的身分開始享受姊姊的生活。當然故事是不會這樣結束的——黃豆娘轉世為池裡的蓮花，被知事注意到後帶回家，日日夜夜折磨著紅豆娘的良心（甚至有些版本說，花中長出的手會拔紅豆娘的頭髮）。紅豆娘將花燒掉，但花變成了一顆五色珠，被隔壁老婦人撿回去，以豆子鬼的模樣向老婦人顯靈。最後，老婦人協助黃豆娘向紅豆娘和繼母復仇，金知事察覺真相，將紅豆娘酷刑處死，作成鹹魚醬送給她母親吃。

朝鮮民間故事中，女人的愛情時常與「慕強擇偶」（hypergamy）的社會主題交織。與《沈清傳》並稱為三大古典小說的《春香傳》是朝鮮半島相當有名的愛情故事之一，原型可能流傳已久，但寫成小說推估是在十八世紀。女主角春香（춘향），值得注意的是漢字「春」在其他語境中可以指青春或肉體歡愉）是一位「妓生」的女兒。妓生是朝鮮半島的傳統藝妓，屬於賤民階級，她們許多是窮苦人家賣掉的女孩兒，但從小就被訓練為上層文人和貴族提供娛樂，因此擁有深厚的藝術造詣。春香的媽媽突破階級束縛，嫁給一位參判（類似政府裡的副部長），儘管生活在比母親好的環境裡，身為妓生之女的春香身分還是非常低。

民間故事的「光明化」

朝鮮半島民間故事的採集與整理主要始於日本殖民時期。儘管當時日本政府研究朝鮮文化的目的可能是同化及「糾正」之，日本人類學者和民俗學者的工作依然為後世研究者留下了許多珍貴資料。或許被時代氛圍影響，這些故事集的基調時常充滿悲觀或宿命色彩。

二戰後的民間故事集氛圍明顯一變，很多相同的故事甚至有了不同的結局。一九七〇年代至九〇年代的經濟奇蹟後，民間故事的流行版本變得更樂觀明朗了。

然而這也代表某些更複雜的元素被去除了。以〈黃豆娘與紅豆娘〉為例，殖民時代採集的版本會包含故事後半段，但近年來，典型的敘述會將這段令人不安的描寫拿掉，停留在黃豆娘與知事過著幸福的日子。我們似乎能從中看到與格林童話相似的發展路徑：民間故事被抽掉了陰暗的織線，變成只有光明與善良的簡單童話。

某天，春香在南原的廣寒樓（광한루）盪鞦韆。南原使道之子李夢龍看見她「像五月柳樹般」的美麗模樣，對她一見鍾情。春香起初沒有回應他，但夢龍追到她家，在她媽媽面前發誓要愛她一百年，這才贏得春香芳心。然而兩人身分懸殊，在當時的社會不可能成親。終於到了使道任期結束的那一天，必須隨父親返回漢城的夢龍臨走前保證會回來接春香，春香則給他一枚戒指作信物。

接任的使道是個殘暴的昏官，每天宴請貴族並請妓生來當女伴。聽聞春香的美貌，他無論如何也要把春香召來。當春香堅持守住她的貞潔，新使道用酷刑虐待她，並將她打入監牢裡。與此同時，一個乞丐來到南原貴族們的宴會上鬧事，留下了一首諷刺貪官欺壓百姓的詩。這般才情讓眾人愈想愈懷疑——乞丐終於揭露他的身分，他就是在科舉考試中取得最高分、以暗行御史身分回來的李夢龍。暗行御史（암행어사）就像朝鮮國王的祕密探員，李夢龍暴露了新任使道的不法，釋放所有被不當囚禁的老百姓。他來到春香面前（仍未卸下喬裝），問春香要不要嫁給他，在春香嚴正拒絕後才從袖裡掏出她給的戒指。

此故事似乎描述了一個儒生想像中的完美女性——如同妓生般才色雙全，同時又貞烈無比——如何在苦苦等待多年後換來成為貴族正妻的獎勵；這可能才是朝鮮底層女性被教導夢想（無論是否現實）的灰姑娘結局。

朝鮮神話傳說中也有女兒公然違抗父令的「非典型」例子，其中一個還出現在正史《三國史記》（見頁四一）的溫達列傳裡。話說高句麗的平原王有個女兒叫平岡公主。公主小時候異常愛哭，國王總取笑她說：「你那麼愛哭，別想嫁給貴族了，你長大嫁給傻瓜溫達吧。」溫達是村裡被大家嘲弄又醜又笨的一個男孩，他總是出門幫相依為命的母親乞食，所以人人都知道他。公主十六歲那年，國王替她談好一樁親事，公主說：「大王一向要妾身嫁給溫達，匹夫猶不食言，何況君王？今大王之命謬矣，妾身不敢從。」公主回到寢宮，將數十枚寶貝鐲子繫在手上，毅然從宮中出走，找到溫達母子並向他們解釋原委後嫁給溫達，協助他成了王國裡的神獵手和沙場名將。最後公主自己選擇的夫婿獲得國王承認，卻在一場戰役中喪命。傳說士兵們想安葬他，但棺木怎麼也移不動，直到平岡公主來到棺前說：「生死已定，我們回去吧。」棺木才移動了。

貧窮與犧牲

朝鮮民間故事中，犧牲並非女人專屬的美德。固然，故事甚至傳記裡充滿窮母親作血糕餵養苦讀的兒子這類例子，但默默承受痛苦直到獲得獎勵是一個更廣泛的主題。犧牲的男性經常是一對兄弟中的弟弟，顯著的例子如〈鬼怪的棍棒〉。這個故事中的兄弟沒有名字，只被叫作哥哥和弟弟——朝鮮故事人物經常是某種原型或被以功能命名，即使在日常生活中，人們也經常以職業、外觀特徵或與他人的親屬關係稱呼一個人。

從前從前，有一對兄弟住在一個村子裡。哥哥從小不聽父母的教誨，自私自利，弟弟則是個體貼又善良的人，對父母非常孝順。某天，弟弟天亮前就背著他的木製架子出門砍柴，揮汗了一整天，在一棵榛樹下稍作休息。忽聽「噠」的一聲，一顆榛子掉在他旁邊。「已經熟了呀，」他撿起榛子看，「帶回去給父親吃吧。」正這麼想的時候，樹上又掉了幾顆榛子下來。「這顆給母親、這顆給哥哥、這顆給嫂嫂、這顆給我……」弟弟邊撿邊想著，不禁愈撿愈多，耽擱了一些時候。他將榛子仔細收進口袋，擔起砍好的柴，發現不好，天色已經很黑了。

難聽的名字

古時候，朝鮮半島人會為了讓小孩像野草般容易活下來，故意將孩子的乳名取得很難聽，例如叫豬仔或狗屎。豬和狗都被認為是很卑賤的動物（在韓國文化裡，豬也象徵著財富，所以夢見豬——即作「豬夢」（돼지꿈）——是走好運的徵兆）。假如一個男孩生得很清秀，那就格外該取個難聽的乳名，否則要是引起神靈嫉妒，孩子可能會命運乖舛或早死。有趣的是，有時豬仔或狗兒長大就沒人這麼叫他們了，反倒是生下他們的女人一輩子都被喚作豬仔媽媽或狗屎媽媽。

他在林子裡摸黑前進，聽見奇怪的杜鵑啼，他迷路了，心裡害怕起來，但好像怎麼走都離不開森林。走了良久，他終於找到一間荒廢的屋子，因為實在太累，他決定就在那兒過夜。正要睡著的時候，外面傳來吵吵嚷嚷的聲音，不知什麼人來了，他驚慌地爬到屋子的大梁上。

一群鬼怪走了進來！每隻鬼怪都拿著一支棍棒，圍成一圈坐在地板上。「唷呼，唷呼！金子！」它們唱著。一堆金塊憑空變了出來。「唷呼，唷呼！銀子！」地板上又多了一堆銀塊。它們還變出了好多美食，邊吃邊玩，看起來很開心。

躲在梁上的弟弟不敢發出半點聲音。但看鬼怪吃東西，他也覺得好餓，忍不住從口袋摸出一顆榛子咬下去。「咔嚓！」鬼怪立刻不唱了，晃頭晃腦張望。「什麼聲音？」「屋頂傳來的！」「是不是破房子要垮掉了呀？」「哎呀哎呀！快逃吧！」

鬼怪這麼說著，真的都跑掉了，連棍棒都忘了帶走。弟弟從梁上下來，急急背起木柴，順便帶了一支鬼怪的棍棒回家了。

回到家以後，弟弟模仿鬼怪的樣子，用神奇棍棒變出足夠的財寶，蓋了一棟舒服的房子，將父母接來住。哥哥看他變得那麼有錢，馬上跑來問他是怎麼辦到的。弟弟一五一十將林中的遭遇告訴他，哥哥決定自己也去弄一支鬼怪的魔法棒。

用傳統背架挑稻草的男人。

哥哥換上最破舊的衣服，從倉庫裡翻出背架，在路上隨意砍了幾段柴，來到弟弟描述的榛樹下。一顆榛子掉下來。「有顆榛果！帶回去我吃吧。」他說。榛子又掉了幾顆。「太好啦！全帶回去我慢慢吃吧！」他把口袋裝得鼓鼓的，出發去找弟弟說的破屋。天色變暗了，他聽見有些鳥布穀布穀地吵，但他不怎麼在意。他走了沒多久便找到那荒屋，翹首盼望鬼怪來，等得都快坐不住了。

鬼怪來了！他快速爬上屋梁。鬼怪開始唱歌了！他立刻拿出一顆榛子「咔嚓」咬下。「小偷！」「是小偷！」「小偷回來了！」鬼怪們齊聲叫道。它們把哥哥從屋梁上抓下來。「快把你偷走的棒子交出來！」哥哥怎麼解釋也沒用，憤怒的鬼怪紛紛抓起棍棒搥打他。天亮前，它們終於走了，哥哥被打得又長又扁，像條鰻魚一樣。他終於意識到自己錯了，決心向弟弟學習作個好人。

在一個資源闕如的社會裡，相信犧牲與忍耐必有回報一方面能為底層人民帶來慰藉，另一方面也是一種逃避現實的方法。透過本章的例子，我們能看出朝鮮民間故事的儒家理想並非膚淺表現為「哥哥永遠比弟弟正確」或「貴族永遠比庶民正確」。實際上，這些流傳於民間的故事許多都在諷刺貪腐的有權有勢者，並透過看似弱勢的人彰顯機智、孝順、謙卑、忠貞、犧牲等等傳統美德。然而矛盾的是，這些故事某個角度看起來是在瓦解被欺侮者反抗的力量：它們讓人們相信只要「有德」的人默默承受苦難，那些「敗德」的人自會被上天或拿著棍棒的鬼怪懲罰。

5 北韓：真正的隱士之國

一九四八年，朝鮮半島脫離日本殖民，南北分別落入美蘇占領三年後，「朝鮮民主主義人民共和國」正式在北方建國。這個日後俗稱北韓的國家繼承了朝鮮王朝的「朝鮮」之稱，只是似乎很難從任何實質意義上被稱為「民主主義」或「人民共和」。北韓很大部分是一個建立在神話上的國家——它自己的金氏王朝新神話。從戰爭結束以來，統治集團便翻新古老的起源神話，藉由政治宣傳推廣它、透過「主體思想」的意識形態發展來鞏固它。許多意義上，北韓仍是那個在迷霧中的古老隱士之國，而由於官方資訊本質上的不可靠，以神話角度檢視北韓釋出的故事別有一重意義。

二〇一一年，第二代領導金正日統治十七年後心臟病發亡故（死因與其父相同），他的第三子金正恩接班成為北韓領導人。金正恩繼承祖父及父親的「先軍政策」（以軍事發展為最優先），強調北韓絕不放棄核武，且軍事發展至少需與經濟發展並重。金正恩領導的十幾年來，兩韓緊張局勢幾度升溫、人權侵害未見改善（包括酷刑、任意監禁、任意處決、強迫勞動、常態化的性暴力），另也能觀察到轉向市場經濟的有限改革。

北韓大約一九九〇年代開始因為堅持發展核武而與國際社群——特別是以美國為首的同盟體系——關係逐漸緊繃。儘管國際社會嘗試透過外交談判阻止北韓開發核武器，北韓依然在二〇〇六年完成了首次核試爆。

主體思想

主體思想（주체사상）是北韓勞動黨奉為唯一指導原則的官方思想，常被描述為政治哲學，但實為一套涵蓋史觀及其他方面的意識形態。主體思想又稱金日成主義，約一九五〇年代中期開始正式使用，最初主要用於清洗政敵（無論左右翼的反對派系都被貼上「缺乏主體性」的標籤），後來又成為因應複雜的戰後局勢，對內及對外解釋政策正當性的萬用說詞。一九七二年，北韓修改憲法，將指導思想從「馬克思列寧主義」換成了「主體思想」。主體思想強調「主體」外加三個「自」——思想上的主體、政治上的自主

（자주）、經濟上的自立（자립），以及國防上的自衛（자위）。

北韓人民從出生開始就必須接受主體思想的教育，其內容強調北韓觀點的歷史教育、朝鮮民族的優越性，以及對天命所歸的最高領導人無限崇拜及絕對忠誠。主體思想在北韓官方英文文件中一直是音譯為「Juche」，「主」和「體」兩個字似乎融合了對北韓「獨立自主性」的堅持（或許受到殖民和外國侵占的痛苦記憶影響），以及將國家比作「有機共同體」的隱喻（與我們接下來會看到的金氏家族神話相結合）。

「主體」兩字給人的基督教聯想值得指出，尤其因為金日成的外公是長老會牧師。「主」不免令人想到「天主」；「體」令人想到「聖體」（聖餐）。北韓在這套象徵系統中似乎成了一個教會般的宗教共同體，而最高領導人化為一個相當於基督教中耶穌的人物，所有國民（信徒）唯有透過領受祂和祂的神職人員慷慨分享的「主體」，才能觸及此信仰中的神祕生命力。此外，金日成的本名金成柱，「柱」在韓語裡和「主」完全同音，「柱」給人房屋棟梁或一家之主的聯想——金日成顯然是刻意選擇使用這個音在他的招牌思想裡！柱是「木主」，木字裡頭還有個十字架，或許也是他考慮的理由之一。[1]

北韓森嚴的鎖國政策使外界難以取得關於其國內情形的精確資訊，使它如今比世上任何國家可能都更為神祕。近期跡象顯示，北韓與世隔絕的方針甚至可能在加強，儘管金正恩領導的北韓政府也開始以愈來愈複雜的方式運用無國界的影音平臺和社群媒體。

金日成

金日成（一九一二～一九九四）是北韓的建國元首和朝鮮勞動黨一九四九年至一九九四年的最高負責人。在他統治下，北韓自一九五〇年代起發展以重工業為主的集中經濟（目標是自給自足，但仍大量仰賴共產盟友中蘇的援助），並且以主體思想為所有政策的指導方針。金日成從坐穩大位開始便被描繪為一位理想化及神格化的領袖，在世時被稱為「偉大領袖」、「太陽」、「父親」，身故後被追封「永遠的領袖」以及「永遠的主席」（一度寫在北韓憲法序言裡）。北韓政府在一九四九年為他樹立了第一尊雕像，開始圍繞他建立一套完整的個人崇拜，包括許多渲染其英雄和全能形象的神話傳說。

1 譯注：金日成是柱字輩，他的兩個弟弟和堂兄弟名中也都有「柱」。

金氏的神話中，最重要的或為金家血統發源地的故事。金日成本名金成柱，出生於平壤市內大同江畔的萬景臺區，可能離一八六六年美國商船事件的地點不遠。但不知怎麼地，北韓官方敘事仍能宣稱他擁有和檀君（見頁四六）一樣的「白頭血統」。根據官方說法，這是因為偉大領袖曾以白頭山為據點展開游擊活動，而正統繼承人——金正日——就是在金日成三十歲那年誕生於白頭山上的「白頭山密營」（儘管蘇聯方面的紀錄顯示他是再早一年出生於俄國漁村的一個軍營裡）。偉大領袖的兒子降世時，空中還出現了兩道彩虹以及奇異的「聖星」[2]。

所謂游擊活動——官方敘事說——是金日成所帶領的抗日游擊隊。當時金日成的大名已經為人所知，因為他的勇猛和智謀實在不同凡響。朝鮮政府臉書帳號描述，當時金日成「機智靈活地創造多種軍事戰法和戰術，在每場戰鬥都取得輝煌勝利」。他使用了「埋伏戰術」、「誘騙戰術」、「瓦解敵軍戰術」、「以零化整戰術」、「日行千里戰術」、「迴旋戰術」乃至於「不放一槍也大獲全勝」的「瞭望戰術」云云，總之靠著各種「神出鬼沒而升天入地的主體戰法」「在抗日戰爭史上留下了明顯的足跡」[3]。金日成更神奇的事蹟包括揮一劍便倒一樹（太子悉達多年輕時的故事）、乘著樹葉過河（達摩的故事），以及將一顆松果變成手榴彈炸毀了一輛美軍坦克等等。據說他和他兒子金正日都會使用「縮地」的功夫，也

就是一種遁入地底實現瞬間移動的法術。北韓政府過去不認為此事有任何荒謬，一九九六年還創作了紀念金日成的《將軍會用縮地法》（장군님 축지법 쓰신다）一曲。

金日成的文章涵養當然也非比尋常，據說他寫了三百本小說，撇開這個甩莎士比亞幾條街的數字不論，他似乎確實對文字深入人心的宣傳力很著迷。社會主義小說家韓雪野（一九〇〇～一九七六）曾經是金日成的朋友及早期文膽，對於建構金日成崇拜發揮了巨大的作用——首先將金日成描述為「我們的太陽」、「國族的太陽」的就是他。六〇年代韓雪野被清洗之後，北韓政府試圖抹掉他的足跡（二〇〇三年又重新肯定他「對主體文藝的發展作出了貢獻」），但金日成無疑從他身上學到了文字與敘事的強大力量。

根據北韓說法，他在三〇年代初得到了「一星」的綽號（與「日成」在韓語中同音），因為革命同志們期待他成為金星（晨星）般的領導人，所以叫他金一星，後來覺得比作太陽更貼切，遂改為金日成。他一九四五年跟隨紅軍在平壤初次亮相時已經是以金日成。

---

[2] 譯注：本書原文中，作者將此故事誤植為金日成本人出生時的故事（次節開頭又敘述了一次），中文部分直接作了修正。

[3] 譯注：金日成抗日還有一件著名的「普天堡襲擊事件」——一九三七年有個朝鮮師團長「金日成」帶領東北游擊軍襲擊朝鮮某村莊，捲走警局槍枝及村中現金等等約合今日兩億日幣的鉅額財物。但當時日本報紙通緝的金日成被描述為四十出頭的人物，此事曾在外國學者間引起「金日成冒充論」。

成（김일성）的名字自稱。「김일성」三字意義非常豐富，在金氏神話中發揮了重要作用。例如它可以解讀為「金屬」、「一」、「成功」，彷彿象徵藉由軍事和工業發展成功實現統一。北韓國旗上的紅色星星除了是社會主義國家的常用標誌，也可能是代表這位「一星」或紅色「旭日」。太陽某程度上成了金日成的專用象徵，他的肖像在北韓叫「太陽像」，生日在他死後改名「太陽節」（本來已是節日，稱為四一五節）。

一九九四至一九九八年，北韓發生大饑荒（官方稱之為「苦難的行軍」）。政府開始傳播一個特殊的神話，關於金日成之父對兒子及孫子命運作過的預言：「成柱是金星……過了八十歲要注意蛇和烏鴉……成柱兒子的時期國家會強盛。」這個新傳說的用意可能是要人們對新上任的第二代領導有信心，但民眾開始以之解釋金日成一九九四年的突然死亡。傳說，金日成於別墅心臟病發那晚，上山途中副官發現有條蛇盤在路中間，副官說要繞過去，但偉大領袖下車用拐杖將蛇趕走了。[4]

金日成死後，朝鮮官媒報導世界各地都出現了異象，包括日暈及其他天文現象，很明顯全宇宙都在為領袖的逝去痛心。當時大量群眾泣不成聲乃至於趴在路上捶地的畫面被驚訝的世界媒體記錄下來。不少國外記者質疑民眾的反應是真是假，指出哀慟程度可能被用來衡量愛國程度，不夠悲痛者可能被密告處刑。但亦有學者認為從人數判斷，這不可能是政府安排的表演，應為貨真價實的集體歇斯底里。

二分之一的日成？

金日成的簽名不知有意或是無意，能讓有心的人看出另一層象徵意義。他把後兩字簽得很易讀，姓氏金（김）卻寫得不像金，反倒像二分之一（½）。這不禁令人想到他所統治「剩下一半」的北韓和失言統一「另外一半」的南韓。「日成」（일성）漢字也可以寫成「一成」或「一性」。也許這個簽名的真義是統「一」勢必會「成」功，或者南北韓是同「一」「性」質的兩半。

金日成（김일성）的簽名，看起來奇妙地像「½일성」。

4 譯注：這個故事被北韓御用寫作團「四一五文學創作團」回收，寫成《永生傳》，其中有偉大領袖與「認出絕代偉人」的蛇相遇之橋段。

金日成逝世後被安放在平壤的錦繡山太陽宮供人們瞻仰。北韓官方不稱此為「逝世」而稱「永生」，不久前才在金日成「永生三十年之際」謳歌這位「慈父領袖」如何「一生建樹彪炳千古的不朽業績，以卓越的思想理論、非凡的領導能力和波瀾壯闊的革命實踐，在革命鬥爭各階段的所有領域取得了光榮的勝利和世紀性開拓成果。」事實是，他驟逝的時期，北韓正因多年來的政策缺陷和一九九一年蘇聯解體陷入經濟崩潰、嚴重饑荒和開墾耕地導致的大規模洪災。金日成晚年似乎愈來愈強調自己的慈父形象，無數官方宣傳描述他如何「寬厚仁慈」、「視民如親」、「無限關愛」。這可能是我們前面看到的朝鮮儒家價值和父系倫理融合產生的北韓神話特色，並且會被金日成的直系兒孫金正日和金正恩繼承。

金正日

北韓第二代領導人金正日（一九四一～二〇一一）曾任職於北韓唯一政黨的宣傳鼓動部和文化藝術部，還沒登基之前便已是形象打造的專家。如同他父親，金正日也擁有自己的一套個人神話，作為為他塑造沒有極限的領袖崇拜素材。

前面提到，金正日的誕生敘事描述他出生時空中出現了一顆聖星。或許因為太陽已被用去，金正日的專屬稱號是「光明星」，他的生日二月十六在北韓叫「光明星節」，據說由於他的降世，那個大冬天的日子裡竟有兩百一十六隻燕子奇蹟飛過白頭山頂。這位光明星——如同所有朝鮮傳統故事中的大器之才——小時就被看出天賦異稟。他三週就會走路，八週就會說話，讀到大學時不意外地已寫出一千五百篇著作（含六部朝鮮傳統歌劇）。他被描述為非常重視細節，會檢視自己吃的每一顆米，他也是個發明天才，漢堡即是他的發明（就是美國人夾肉的那種麵包沒錯）。順帶一提，雖然領袖會吃東西，但他和他的父親無疑都是不排泄的。北韓政治宣傳最常用來稱他的另一個名稱是「將軍」（他酷愛的綠軍裝配墨鏡穿搭據說也帶動了全球時尚趨勢），他主張與父親相同的先軍政策，據說他是抱持「不吃糖也能活、沒有子彈活不了」的堅定信念在九〇年代將北韓帶向核武。關於金正日的還有個奇怪的傳說。相傳他在二〇一五年他父親生日那天，讓所有時鐘慢了半小時，代表向日本討回他們殖民時代從朝鮮民族身上偷走的時間。[5]

[5] 譯注：如同作者自己在本章開頭提過的，金正日於二〇一一年逝世，此為金正恩的一個真實政策。大韓帝國一九〇八年曾使用所謂的「平壤時區」（比臺灣快半小時），但三年多後被日本殖民政府改成與日本相同的時區（比臺灣快一小時），金正恩二〇一五年下令為了紀念脫離殖民統治七十週年，自日本宣布無條件投降的八月十五日開始重啟平壤時區。不過二〇一八年兩韓元首高峰會（睽違十一年，南韓總統文在寅與金正恩在板門店會面）後發布聲明改回了「與南韓一致」的時區。

金正日神話面對一個新的挑戰：所有最高級的溢美言詞都已經獻給金日成，得另外想幾個新的出來。金正日被稱為「民族的命運」、「引導的陽光」、「祖國統一的象徵」等等，不過北韓政府或許也意識到這樣下去不是辦法，後來也開始用「領袖」、「慈父」、「太陽」一類熟悉的頭銜稱呼他。為金正日開發的頭銜數量可觀，在他過世後部分由金正恩繼承。金正日猝逝那天，北韓媒體報導白頭山天際閃現萬道紅光、天池冰封的湖面在前所未見石破天驚的巨響中裂開，甚至具體指出了東興山地方出現「一隻丹頂鶴，飛繞金正日雕像三次……在那裡垂首佇足良久，最後約在晚間十時朝著平壤的方向飛去」。

北韓政治宣傳時常著墨於金正日的文武全能，他不僅是「稀世的政治家」及「百戰百勝的鋼鐵統帥」，很顯然也是位學習天才和跨領域藝術家。北韓也許需要相信這位萬能統帥必然能帶領他們走過「苦難的行軍」。這個官方所用的委婉詞彙指的是一九九四年至一九九八年那場因政策和天災導致恐達百萬喪命的可怕人道災難。真實情形外界始終不清楚，推估死者人數從三十萬到三百萬都有，因為北韓嚴格管控所有對外甚至對內的文字（例如禁止提及乞食兒童的存在，這些兒童因此被稱為「花燕」）。許多消息是該時期開始出現的「脫北者」——闖過邊境逃入南韓或中國的人們——帶出來的。

儘管金正日和他父親一樣清楚、甚至可能比他父親更清楚文字的力量，但他將重點宣

傳工具從長篇文學轉向了圖畫書（그림책，北韓漫畫）、動畫，以及尤其電影。這一方面可能是出於現實考量——北韓過去曾經幾次傳出紙荒——，另一方面，電影似乎是金正日個人真正鍾情的媒介。他大學畢業後進入黨內從事文化和宣傳工作，發表了一系列他所寫（號稱）的主體思想文藝理論：歌劇論、戲劇論、舞蹈論、音樂論、美術論、建築論、文學論，甚至還有馬戲論。這些著作詳細描述並規範一個愛國朝鮮人應如何創作主體性充足的作品，為朝鮮勞動黨控制所有藝術提供了依據。而比上述其他類型都早的是一九七三年的《電影藝術論》，序言寫道：

> 電影在文藝的整體發展中占據重要地位。電影本身即是革命與建設的強大意識形態工具。文藝革命必須謹奉一項基本原理：先致力於電影藝術的突破，再將成功推及其他文藝類型。

早在金正日確定成為其父接班人以前，人們就知道他熱愛電影。不只愛看，也愛拍。他二十六歲就為北韓勞動黨成立了拍攝電影的「白頭山創作團」；規模為派拉蒙（Paramount）製片廠兩倍的朝鮮藝術電影製片廠（조선예술영화촬영소）在他監督下製作

了將近一萬兩千部長短電影。他個人的電影收藏據說超過兩萬部，包括直到他逝世為止的每一屆奧斯卡最佳影片。據說他是演過七集龐德的史恩・康納萊的粉絲，所以每一集《〇〇七》都有追——連北韓人被醜化的《誰與爭鋒》都看了。金正日似乎也喜歡好萊塢動作片、鬼片和日本怪獸片，特別青睞《哥吉拉》系列。

《平壤怪獸》

電影能比文學更快速有效地觸及一群更廣泛的受眾。鄉村地區沒有閑錢買文學書籍、也沒有時間讀它們的人依然能參加政府每月舉辦的露天放映活動，在這些消遣中吸收來自電影的訊息。漫畫與動畫不僅能用來教育北韓孩童，甚至能替北韓創造外銷收入。北韓一九五七年成立了製作動畫的朝鮮四・二六兒童電影製片廠（簡稱SEK製片廠），發現動畫代工值得開發，曾有一時期成為世界動畫的廉價工廠。

一九七八年，金正日邀請南韓著名演員崔銀姬在香港洽談合作，藉機將她非法綁架至北韓。崔銀姬的前夫——南韓名導申相玉——到香港尋找她下落時同樣遭擄，兩人被北韓政府強迫合作拍攝一系列政治宣傳電影。申相玉由於不願配合與企圖逃跑，有兩年以上都在囹圄中度過。一九八三年，他被帶到平壤，與崔銀姬重聚後終於同意為北韓拿起攝影機。申相玉在被綁架的三年間總共拍攝了七部作品（他們趁著一九八六年參加柏林影展時逃到維也納尋求庇護），其中還包括民間故事改編的《沈清傳》（見頁一四四），但最廣為人知的一部是今天世界上最有名的北韓電影——一九八五年的《平壤怪獸》。這部怪獸電影雛形為一九六二年一部已佚失的南韓電影，雖然一九六二年版既不叫好，也不叫座，但其中的神話及寓言主題引起了金正日的注意。申相玉執導的一九八五年版以替北韓量身定作的方式強化了該作的象徵及譬喻意義，然而其中似乎也暗留了申氏自己想傳達的訊息。

《平壤怪獸》（불가사리）片名取自朝鮮傳說中一種殺不死的食鐵生物「不可殺」。電影設置在高麗晚期，一名鐵匠試圖反抗暴君徵收金屬製作武器的命令，趁夜將鐵器送還給農民，卻被官府發現，處以餓死之刑。他的女兒娥媚（아미，音譯）偷偷將飯糰投入牢中給他，

一九六七年南韓電影《宇宙怪人王魔鬼》（우주괴인 왕마귀）劇照——來自伽瑪星的王魔鬼正襲擊首爾——這部電影有「韓國第一部怪獸片」之稱。

希望爸爸能活下來，但鐵匠只是在臨死前用米粒捏了一個小怪獸，向上天祈禱牠能拯救饑荒和暴政下的農民。娥媚將小怪獸當作爸爸的遺物放在針線盒裡，一天縫紉時，她的手指被針扎了一下，血珠子滴在小怪獸上——牠瞬間活了起來，將針吃掉，體型變大了一點點。牠開始繼續吃其他金屬製品，愈吃就長得愈大，娥媚知道這就是爸爸說過的「不可殺」。

接下來的發展十分近似猶太人的泥人（Golem）傳說：這個捏出的小怪獸彷彿被灌注魔法，有了自由行動的能力，多次在危機關頭出現，吃掉敵人的武器，幫助農民擊敗當地貪官，組成起義軍往首都推進。然而朝廷軍鎮壓了起義軍，並且擄走娥媚作人質。發現火燒不死「不可殺」後，他們派出巫師封印為牠灌注意念的鐵匠靈魂，將「不可殺」埋在岩石底下。但娥媚某夜逃出來，找到了牠。她割開自己的手臂，讓血流進牠沉睡的石縫中。已經比建築還高的「不可殺」再度復活，和人民一起推翻了封建帝國，踩死逃跑的國王。

只不過，故事沒有停在這裡。「不可殺」沒了兵器吃，還是想吃鐵，人們為了他們的拯救者努力帶來各種五金器具，但也漸漸領悟如果不想點別的法子，所有的農具和必要器皿都將被牠吞食殆盡。娥媚看出如果讓「不可殺」繼續存在，人們終究會帶著牠入侵其他國家，直到整個世界被戰爭滅亡。她決定摧毀自己，相信這樣一來與她共享血液的「不可殺」也會消失了。她敲響寺廟的大鐘，同時躲進鐘裡。聽見鐘聲迴盪的「不可殺」被引誘而來，把巨大的金屬鐘連同娥媚一起吞下了肚子，只見牠發出悲鳴，身體開始風化、粉碎。電影最後，一隻小小的「不可殺」在山石上走，變成光點，飛進了靜靜躺臥的娥媚屍身裡。

《平壤怪獸》的象徵有一目了然之處也有隱晦的地方。一方面，這部電影符合金正日電影創作論的要求，為北韓的政治宣傳打造了朝鮮特色怪獸降世、幫助農民起義推翻王朝的神話。另一方面，申相玉拍攝的這部影片也融合特攝電影經典手法，以及朝鮮半島傳說元素，例如與沈清相似的自我犧牲孝女形象（電影中的鐵匠女兒娥媚起初穿著「青」裙子——與「清」同音），以及同樣涉及孩童犧牲故事的聖德大王神鐘傳說（娥媚躲進去時明顯能看到鐘上有仙女紋飾）。

聖德大王神鐘

將近十九公噸重、高達三．七五公尺的聖德大王神鐘（성덕대왕신종）是朝鮮半島最大的一口鐘及新羅藝術的集大成之作。八世紀晚期，新羅景德王為紀念其父聖德王的功

蹟下令製作此鐘，但沒能活著見到大鐘完工，西元七七一年聖德王之孫惠恭王任內才將鐘鍛造完成，懸掛在奉德寺裡。

關於這口美麗的神鐘，有個不相稱的淒慘傳說。傳說，鍛造此鐘的過程一直不順利，人們已經用掉十二萬斤的銅，鑄好的鐘卻總發不出聲音。最後，一位僧人揭露，在為鑄鐘托缽化緣的過程中，有位村婦什麼也沒奉獻，笑稱她除了背上的孩子沒有什麼能獻出的。僧人夢見神明告訴他，只有證實人們的誠意，將那孩子鑄進鐘裡，才能讓鐘敲出聲音。惠恭王不願以人獻祭，但為了完成父親的遺願，最後也只得服從神意。

村婦和她的孩子被找到。人們再次鑄鐘，將那個窮苦母親唯一的小孩扔進熔爐。美麗的巨鐘再次鑄成了，懸掛妥當，奉德寺的僧人以偌大的木柱敲向鐘——清澈的鐘聲響徹千里，聽起來彷彿孩子在哭叫「에밀레！에밀레！」（新羅方言「娘呀！娘呀！」）的聲音。

聖德大王神鐘在慶州博物館庭院裡。

這個故事沒有任何證據可考，但已在朝鮮民間流傳許久，直到十九世紀末才被西方傳教士化成文字紀錄。聖德大王神鐘有著龍首造型的掛勾，浮雕的細緻紋路、千餘字的漢字銘文，以及蓮花與飛天仙女等佛道裝飾主題。這口一千三百年的古鐘今藏於新羅繁華的大首都慶州的國立慶州博物館中，為南韓重要國寶之一。

金正日起初對《平壤怪獸》相當自豪。畢竟該作製作水準優於典型的北韓宣傳片，對怪獸電影類型的貢獻甚至不輸南韓作品。《平壤怪獸》的製作技術較一九六七年南韓以塑膠怪獸裝拍攝的寓言喜劇《宇宙怪人王魔鬼》更為精良，探討的社會主題甚至深過同年南韓的《大怪獸龍加利》（대괴수 용가리）（後者常被誤認成日本電影，實際上是南韓作品，描述一隻貌似哥吉拉的大怪獸極富象徵意味地從板門店附近冒出來，向首爾進擊）。《平壤怪獸》即使放在當時世界怪獸電影中也有一席之地，不少特效人員是北韓特地從製作《哥吉拉》系列的日本東寶請來——事實上，飾演「不可殺」的演員就是演過「哥吉拉」的薩摩劍八郎。

然而，這部電影的象徵意義有個出乎意料的轉折。「不可殺」（불가사리）在韓語中也是指「海星」，因為海星身體被切斷也能再生。在申相玉和崔銀姬逃走前，北韓政府可

能並未意識到，一種像星星、食鐵（五行中的金）、對工業化和經濟發展的無盡胃口使人民陷入苦難的怪獸很容易讓人聯想到「一星」金日成。最初拯救人民的「不可殺」最後成了威脅人民、必須被人民含淚消滅的怪物。（「不可殺」吞下一口鐘而死——「鐘」（종）在韓語裡與「奴僕」一詞發音相似，也和金正日的「正」同音——導演或許在暗示終將毀掉怪獸和自己的「金鐘」就是「金正」日。）如果申相玉尚未逃走，他想必得極力辯解他沒有這樣暗示的意圖。

金正日後來將《平壤怪獸》列入禁片，只是這隻怪獸已經溜進外面的世界，被認為著作權屆滿，屬於公共財產，此刻也能在YouTube上以4K畫質觀看。

金正恩

金正恩（一九八四～）是北韓金氏王朝第三代及現任領導人，他繼承了祖父與

一九六七年南韓電影《大怪獸龍加利》劇照。

父親的個人崇拜文化，但開始因應時代調整路線。金正恩和他爸爸一樣被形塑為稀世神童，學術、才藝、體育樣樣精通：北韓學童在講述領袖生平的課程中會學到金正恩三歲就能開車，九歲便於某次遊艇競賽中擊敗一位有名的外國CEO。不過一般而言，將金正恩與超自然現象連在一起的宣傳比他的兩位先祖要少，反映北韓已掌握到這是個網路迷因取代神仙傳說的時代。

金正恩設法將北韓帶向現代化，刻意去除了某些不合時宜的金氏超自然傳說。國外研究者驚訝地讀到二〇二〇年北韓官報《勞動新聞》澄清，儘管金日成同志在抗日革命中表現英勇，但他並未使用縮地一類的魔幻法術：「其實不可能有人時而消失，又時而出現，縮地法不是魔法師的靈性技術，而是通過與人民合作實現的現實戰略。」北韓政府將金正恩崇拜的焦點轉向他對「先軍政策」的延續以及對媒體和科技領域的專精，強調他帶領北韓實現的科學成就——例如核武器的發展，尤其足以跨越太平洋的洲際彈道飛彈。二〇一七年，金正恩對世界宣布北韓已成功開發出氫彈，正式加入核武擁有國的行列。官方媒體盛讚金正恩積極拓展外交，儘管北韓於COVID–19疫情期間採取了可能為全世界最嚴格的邊境封鎖政策；金正恩的同情心也得到大書特書，雖然他被懷疑刺殺了他的同父異母兄長金正男，並且監禁、刑求、處決了無數對他的權力構成真實或潛在威脅的人物。

即使順應時代更新了形象，我們仍能從北韓政府使用的象徵語言中看出金氏神話的延續。北韓政府依然將第三代領袖描述為「白頭血統」正宗繼承人，釋出一系列他騎著白馬在一片白雪中徜徉白頭山的沙龍照片。據說日本殖民時期金日成就是騎著白馬在山中打游擊；金正恩在這些照片中還被比作高句麗的東明帝（見頁五〇）。東明帝朱蒙是個兩千年多前的傳說神童、天帝後代以及朝鮮北方人民的神話始祖。東明、朝鮮、紅色的太陽——同樣的一套語彙依然被用來喚起這片土地上的人民最神聖古老的身分想像。

DMZ——非武裝地帶

非武裝地帶（Demilitarized Zone，簡稱DMZ）是條沿著一九五三年兩韓停戰協定所設定的帶狀區域。這條軍事緩衝區切開了朝鮮半島，訴說著朝鮮民主主義人民共和國與大韓民國的歷史記憶，也提醒著人們韓戰形式上或意義上至今也沒有完全結束。事實上，衝突每一秒都可能重新引爆，彷彿懸頂的達摩克利斯之劍（sword of Damocles），其原因在於北韓持續的核武研發、自我孤立，以及始終存在的一種被世界圍攻的感覺。朝鮮半島的局勢為美國提供了駐軍南韓的正當說詞，結果卻矛盾地使北韓更加堅守軍事主義。前美國總統柯林頓總統曾形容ＤＭＺ為「地球上最恐怖的地方」，不過這裡也是個每年吸引超過百萬人走訪的觀光景點。參觀ＤＭＺ的遊客必須簽署生死切結書，聲明了解自己即將「進入敵地，且可能由於敵軍之行動而直接遭受傷害或喪失生命」。

ＤＭＺ寬四公里，從西到東延伸兩百四十公里，將朝鮮半島切成上下兩半。此區域的中間便是停戰時的前線，兩軍各退兩公里，作為禁止武裝行動的中立區。南韓與北韓都為多占得一些領土血戰到了最後一刻，在停戰前夕造成了更多不必要的傷亡，卻往往只造成數公尺之差。ＤＭＺ的波浪線條隔開了共產北方與資本南方，很難不讓人聯想到太極旗上那條畫分紅色上半與藍色下半的曲線。極其諷刺的一項事實是，ＤＭＺ斜斜穿過北緯三十八度線。韓戰三年的摧殘並未為北方或南方換得多少新的土地，卻有數以百萬計的朝鮮士兵與平民在那三年中永遠離開世界。戰火下的恐怖在這個區域留下了無數怨靈、遊魂、鬼火甚至幽浮的傳說，藉由軍人和鄰近居民之口持續被傳誦。有人說，ＤＭＺ的一部分被詛咒了——也許是誰為了阻止盜獵者溜進這塊野生動物棲息的區域而散布的謠言。

距離ＤＭＺ與北緯三十八度線的交點不遠，有一個叫板門店的小區域，這裡的正式名稱為「共同警戒區」（Joint Security Area，簡稱ＪＳＡ），又稱停戰村，是一個位在停戰線上、兩韓交涉使用的場域。板門店由駐南韓的聯合國軍（United Nations Command，主力為美軍）及北韓的朝鮮人民軍共同管理，雖然名義上禁止軍事活動，但其實兩邊都建有指揮站、監視哨、碉堡和祕密地道。聯合國軍和朝鮮人民軍各自巡防著整條地雷密布的DMZ、布置及拆除軍用陷阱，防止不速之客從四公里外的另一頭闖進來。巡邏的軍人很容易不小心越過界線，因為五〇年代設置的界標每隔一百公尺才有一根，而且早已鏽蝕得難以辨識。根據聯合國軍的美軍士兵說法，北韓新兵訓練的其中一項就是潛過DMZ，到南韓某墓園取得一塊墓碑帶回去。在這項考驗中失敗被逮住的北韓新兵會為了避免洩密，不惜以手榴彈自戕。

依照停戰協議，聯合國軍車輛上除了聯合國旗還要懸掛一面白旗，不過聯合國軍過去多次不遵守這項規定。例如七〇年代初期，一隊美軍軍

南韓衛兵站在板門店的兩間「中立區會談室」（有著黑白印刷看不出的鮮藍顏色，俗稱藍屋）之間，看向北韓側的「板門館」。碎石地顏色改變處便是南北韓之界。

人用海盜旗取代白旗，表達對北韓的挑釁與敵意。像這樣的違約會於板門店的「藍屋」中討論，這幾棟藍色會談室建立在曾經用來交換戰俘的「不歸橋」旁，每棟都以停戰線為中線，室內空間直到會議桌都是精確地一半在南、一半在北。藍屋的南北入口分別由兩方衛兵看守。雖說進入室內後便無領土之分，但從錯的出口離開是會被視為企圖叛逃的嚴重事件。

板門店斧頭暴行事件

一九七六年夏末在板門店，聯合國軍軍人在修剪一棵楊樹時與北韓軍人起了衝突，未帶手槍的兩名美軍軍官遭北韓士兵以伐木斧頭殺害。該起事件被稱為「板門店事件」、「板門店斧頭殺人事件」或「板門店斧頭暴行事件」，發生地點距離不歸橋僅僅幾步之遙，幾乎使韓戰重新引爆。

北韓知道那棵十二公尺高的老楊樹阻礙了南韓監視哨看向北韓多個哨所的視線，但聲稱該樹為金日成所栽，不能隨便修剪。樹的位置實際上位於不歸橋南側，但事件發生前，南北的軍事人員都能在整個共同警戒區自由走動，並沒有區分得那麼嚴格。事件當日，一隊聯合國軍軍人帶著伐木工來為那棵楊樹修枝，十幾名北韓軍人出現，要求他們停止。負責指揮的美軍上尉伯尼法斯（Arthur Bonifas）無視他們後，北韓調來更多士兵，開始用木棍和鐵撬攻擊美國和南韓軍人（DMZ內依規定只能攜帶有限的武器）。混戰中，伯尼法斯上尉被以伐木斧頭砍死，聯合國軍其他十人中九人負傷，傷重的美軍中尉巴雷特（Mark Barrett）搶救不治。

聯合國軍商討著如何回應這起事件，美軍死了兩人，不能輕易讓此事過去。三天後，一場氣勢磅礡的樹木修剪行動展開，行動代號「保羅．班揚」（Paul Bunyan），取自北美傳說中的巨人樵夫。聯合國軍派出大規模的「修枝」人員：二十幾輛軍車駛向板門店的老楊樹，最前面坐著攜帶電鋸的工程兵，支援他們的是兩隊帶著手槍和手斧的美國步兵和一隊默默備齊步槍、榴彈、地雷的韓國特種部隊（更多坐滿士兵的直升機在五分鐘外的機場準備隨時起飛）。為了因應最壞的可能，美國從日本、關島和美國本土調來「F-4戰機、B52轟炸機和F-111「土豚」轟炸機共四、五十架在空中戒備，甚至將航空母艦中途島號開到朝鮮外海待命。計畫執行期間，美軍進入二級戒備，僅次於「極可能或已爆發核戰時」所採取的一級戒備。

外界並不完全清楚北韓當局如何看待此事，但在板門店，約兩百人的朝鮮部隊帶著機槍抵達，注視聯合國軍用電鋸砍去楊樹樹枝。經過全員屏息的四十五分鐘，楊樹被修剪得光禿禿，聯合國軍撤出了共同戒備區。眾所恐懼的衝突幸未爆發，惟留下很長時期的緊張和敵對氛圍，共同警戒區內從此也築起路障，隔開兩方軍事人員（根據美軍士兵回憶，過去兩邊自由來去的原因一部分是高大的美國人設法在共同警戒區內「以勢壓人」）。北韓事後聲明對「板門店事件」感到遺憾，但強調北韓絕對不會率先挑釁。當時那截楊樹樹幹一直保留到了一九八七年，才換成兩位殉職軍人的紀念碑。

北韓在政治宣傳中表現出對於投北者的歡迎。駐韓美軍中似乎存在一種想像，認為北韓會以特權和優渥的生活款待任何願意背叛南韓的軍人。二〇二三年的金恩大兵叛逃事件或許就起自這種過於天真的想法。二十三歲的金恩（Travis King）當時由於酒醉鬥毆面臨軍法審判，他混入一群從首爾出發參觀藍屋的南韓遊客，趁衛兵不注意時越過邊界跑進北韓。但兩個月後，北韓聲明已對他完成調查，因非法侵入國土驅逐了他。金恩除了原先犯行還得面對逃兵等數項罪名的指控。

整條DMZ只有兩個村子，在雙方政府的同意下存在。南邊的臺城洞（대성동）俗

稱「自由村」，居民僅限韓戰前就住這裡的當地人及他們的後代。居住在臺城洞的南韓人能享受免納稅、免兵役等特殊回饋，但持續處於被軍事衝突波及的危險之下。一九八〇年代，一場「國旗戰」從臺城洞展開。南韓政府在這裡建了一座三十層樓高的鐵塔式旗杆，掛上一面超過一百公斤的巨型太極旗。

約莫兩公里外，與臺城洞相對的是個叫機井洞（기정동）的村子，別名「和平村」，但南韓人更常叫它「宣傳村」。這裡基本上是個模範空城，入夜會適時點燈，製造有人居住的假象。北韓聲稱機井洞是兩百個快樂家庭構成的集體農場，但西方觀察者認為這裡住的更可能是維護DMZ軍事設施的北韓士兵。臺城洞的旗杆建好後，北韓不甘示弱，在機井洞建了座一百六十公尺高的鐵塔式旗杆，比南韓那座高了足足六十公尺以上，稱霸世界紀錄近三十年，杆上飄揚著近三百公斤的超大「紅藍五角星旗」。宣傳村叫宣傳村還有一個理由：此村過去不斷對著南方高聲放送廣播，吸引南方兄弟投誠。

板門店國旗事件

板門店導遊們最愛說的故事，是室內版的DMZ國旗戰——板門店國旗事件。據說，南北韓首次使用中立區會談室的時候，北韓軍和聯合國軍各帶了一只立式的小國旗，以便擺設在會議桌中央。聯合國準備的是一般的小國旗，北韓準備的國旗卻高一點也寬一點。第二次會議，聯合國軍特地帶了比上次北韓那只大一點的小國旗。第三次會議，北韓又換了一個更大的來。幾次之後，兩邊的小國旗都已經無法稱為小國旗，放在桌上都頂到天花板了，只好經由非正式協商規定出標準尺寸。所以現在雙方使用的旗子高度、寬度、旗杆長度都是固定的……但仔細看的話，你會發現北韓的旗子底座還是高了幾公釐。

令人們意外的是，陷阱密布的危險DMZ成了野生動物的聖域。倖免於南方的土地開發或北方的林地砍伐與饑饉，這條帶狀區域為多種生物提供了棲息地，包括候鳥、瀕危物種和甚至已經絕跡多年的生物。曾在DMZ被目擊的珍稀動物——不少是巡邏的軍人看見的——包括金雕、白枕鶴、丹頂鶴、遠東豹，還有俗稱月熊的亞洲黑熊。不受污染的兩韓分界水域住著熱目魚（滿洲鱒魚）以及被南韓指定為「天然紀念物」的歐亞水獺。甚至有人看過白頭山虎和長有獠牙的香獐在此出沒，DMZ在近期敘事中逐漸變成了奇蹟般的瀕危動物天堂。

目前國際上有些組織倡議南北韓將ＤＭＺ聯合設置為生態保護區，作為宣誓和平的舉動。倘若成功，這片保護區的面積將在地球上名列前茅。南韓曾於二〇一二年嘗試將「ＤＭＺ」（非武裝地帶）以「ＰＬＺ」（和平生態地帶）的品牌重新行銷，但結果似乎說明「ＤＭＺ」不是那麼容易取代的。

朝鮮時期繪畫中的丹頂鶴，悠遊在同樣象徵長壽的桃樹旁。

北韓漫畫

耐人尋味的一項事實是，想要探見北韓的意識形態，一個有用的管道是漫畫。原因在於，儘管北韓政府顯然理解也重視漫畫的政治宣傳價值，但對漫畫出版的審查依然不像審查「上流」文藝作品那麼嚴格。漫畫給了外界一個理解北韓人感受性的獨特管道——藉由檢視其中主題，以及人們如何以淺白的語言將這些主題傳達給作為主要受眾的年輕讀者。

注意你的用詞！

北韓的主體思想重視朝鮮國文的「純粹性」，聲稱北韓的韓語比南韓的韓語更純正。漢字在北韓被視為外文，除非必要否則不會使用。北韓官方資料稱國內識字率為百分之百，不過南韓學生完成中等教育時須學會約一千八百個漢字，北韓的則是未知數（北韓一度完全刪除漢字教育，一九六八年後才將之編回高中教材）。

南韓人也使用不少以韓文表音的外來語詞彙，北韓人則嘗試將外來語數量減到最少，盡量以韓語原有詞彙取代它們。結果是，北韓韓語聽在南韓人耳裡有時像逗趣的鄉土方言（就好像在英文中不說源自諾曼法語的「pork」，總是用「pig meat」來指豬肉）。以牛奶為例，南韓稱這種白色飲品為「우유」（牛乳），念成「woo-yu」，是漢字「牛乳」的讀音；北韓則將乳品稱為「소젖」（牛奶汁），由韓語中原有的「牛」及「奶汁」兩詞組成。不過南韓人覺得特別好笑的是，「젖」也有「奶子」的意思。再拿麵包來說，南韓用的是日本時期傳入的「빵」（麵包）這個詞，像法文的「pain」一樣讀作「ppang」；

北韓則將這種烤過的蓬鬆食物正名為「양떡」（洋年糕）。

南韓人生活中充滿借自日文的詞彙，舉凡蔬菜水果、日常器皿、科技製品皆有許多例子，至少直到七〇年代這種情形都很明顯。另一方面，北韓幾乎戰後就開始刪除這些詞彙。過去南韓學校會教學生以聆聽用詞的方式來辨別北韓間諜，一般印象中，朝鮮半島南方人覺得北方口音和用語聽起來比較簡略和粗魯。但南北分裂的七十幾年來，南北口音和用詞習慣又變化了不少，在二〇一八年南韓平昌主辦的冬季奧運盛會上，人們已經必須為北韓隊伍和選手安排口譯員。

「漫畫」（만화，漢字：漫畫）是個借自日文的詞彙，一九一〇年代就出現於韓國報紙上。戰後的南韓繼續沿用它來指稱一類漫漫隨性的連環畫，一直用到了今天。漫畫一詞充分顯示了這種創作形式與經典文藝的距離，兩者的美學也確實大相逕庭。南韓漫畫受到日本漫畫影響，但有它自己的歷史與風格，常見主題和子類型不完全與日本相仿。一九六〇年代，南韓在任最久（一九六二～一九七九）的總統朴正熙發動政變上臺實施威權統治後，漫畫和酒毒嫖賭一起被定義為「社會之惡」。漫畫內容受到審查，而漫畫家不僅收入

低，還被認為從事著不堪的行業。雖然有成功闖出名聲的作品出現——例如一九六五年申東雨的《風雲兒洪吉童》（홍길동，講述韓國傳奇義賊洪吉童的故事，兩年後被翻拍為同名動畫）——但漫畫一般被認為是不登大雅之堂的東西，人們通常不會買漫畫，而是到巷口的「漫畫房」（만화방）去讀它們。漫畫房也是青少年殺時間的場所，有時會有翹課的小孩或不良少年在那兒鬼混。如果時間太晚，女孩子不會自己去漫畫房，會派家中兄弟去幫她們租少女漫畫回來，預示了八〇、九〇年代錄影帶出租店的出現。

南韓漫畫囊括從社會諷刺到科幻的各種類型，但大約八〇年代中期以前，無論什麼類型的漫畫都被貼上低俗、幼稚的標籤。一九八五年，李賢世的《外人球團》（공포의 외인구단，描繪一隊格格不入的邊緣人追逐棒球夢的故事）紅遍南韓，電影版隔年獲得韓國國產片票房冠軍，改變了韓國人對漫畫的眼光。這股學生帶動的風氣讓漫畫的受眾開始不一樣了，但漫畫在南韓始終不曾達到日本那樣的流行程度。政治氣氛壓抑的七〇年代中期，整個南韓曾有超過一萬五千家漫畫房，但進入九〇年代後逐漸成了時代的眼淚，二〇一六年剩不到五百家。今天的南韓比昔日民主多了，但Webtoon（一譯「條漫」）當道使紙本漫畫產業大受衝擊，漫畫房已經變成懷舊展覽上才會出現的裝置藝術……也許還能在某個神祕的小鎮找到一家。

北韓不使用日式詞彙「漫畫」，而將這種圖文創作稱為「圖畫書」（그림책）。漫畫在北韓重要的原因完全不同，因為它們並未被貶低為低級藝術或「社會之惡」，而是被國家用來當作將宣傳包裝成教育或娛樂、灌輸給小孩和一般大眾的工具。漫畫生產成本比電影低，但和電影一樣能打入那些無法從艱深文學中獲得樂趣的人們的心。漫畫在北韓變得極受歡迎，尤其一九九四年以來金正日掌權的時期。

一九九四年的一本漫畫《威翅大將軍》（대장이 된 억센 날개）特別引人注意。這本一百八十六頁的兒童漫畫是全彩的——大部分北韓漫畫只有黑白線條，上面還沾著機器前回印刷的墨水痕跡。一九八四年出生的金正恩小時候讀的很可能就是這種作品，充斥書中的口號透露了他和他的同齡人受到什麼樣的洗腦教育。

《威翅大將軍》出版於北韓初代領導人金日成逝世的那年。堅持「自給自足」的北韓此前一直仰賴共產哥兒的經濟和特惠糧食援助，但在一九九一年蘇聯解體、一九九二年中韓建交後陷入愈來愈深刻的困境。金日成死去的那個夏天，北韓開始出現歷史性的洪水，此後連續數年的夏秋洪災和冬春乾旱使供糧系統完全崩潰，整個北韓陷入可怕的饑荒。官方數字記載那四年間死了二十五萬人，但一般推測真實數字為兩倍到十倍以上。九〇年代將盡時，北韓只有一半人口能取得安全的飲用水，乾旱使得國內土地已無法產出足夠養活挨餓國民的穀物。

這一切發生之前出版的《威翅大將軍》以蜜蜂們的將軍威翅為主角。威翅想建立一個了不起的灌溉系統，拯救「千花之園」，讓蜂蜜產量再次豐沛（暗示北韓當時正興建、最終導致近十萬人喪生才完成的大型水利工程）。然而，外敵威脅著威翅和蜜蜂們。細腰蜂軍團過去嘗試征服他們，雖然在威翅的英勇抵抗下失敗了，但現在又捲土重來。細腰蜂將軍去會見邪惡盟友蜘蛛女王——圖上的細腰蜂制服神似日本軍裝、蜘蛛女王長著刻板印象裡美國人的長鼻子、她的蜘蛛網看起來奇異地像聯合國標誌。

《威翅》也運用了更深層的神話元素。收集花蜜的蜜蜂在世界神話中經常與照耀大地的太陽相連，例如古埃及人就認為蜜蜂是太陽神的眼淚化成的。在

南韓第一代漫畫家金龍煥的《大鼻子三國志》（코주부 삼국지），留日歸國的金龍煥韓戰期間在南方大邱的雜誌上連載這部作品，使用了當時還很新穎的分鏡設計和對話泡泡。

北韓的象徵系統中，太陽正是金日成；北韓官媒一向小心地將金日成與金正日連接到母親意象，暗示國家既是父也是母。象徵意義上，北韓領導既是太陽之子，也是工蜂們的女王。為了讓這套隱喻進入孩子的心，此漫畫結合繽紛的插圖和時而像伊索寓言旁白、時而像偏激政治口號的文字，精湛示範了如何實踐金正日親自制定的主體文藝理論。

北韓兒童漫畫《威翅大將軍》封面，趙炳權作、林曰鎔繪（皆為音譯）。

《威翅》每頁側邊都放上一句口號，內容從對家的讚美（「笑花朵朵的家最幸福」）、對鄉土的頌揚（「故鄉一捧土勝過外國一捧金」）到政治判斷如「敵人的朋友和朋友的敵人都要當心」、「敵人的笑容像飛針，敵人的甜頭像毒刺」、「激進分子及傻子都是心智殘缺的」，愈後段的口號愈尚武和瘋狂。這本漫畫一方面以濃烈的語言教導孩子愛惜鄉土和重視國家，一方面以最狡猾的方式灌輸他們充滿仇恨的思想。

另一些北韓漫畫揭露北韓政府如何運用懸疑緊張的劇情宣傳國家的訊息。同樣出版於一九九四年的《頻率A的祕密》（아음파 의 비밀）描述一群朝鮮科學少年少女從邪惡勢

力手中拯救了一個沒有名字的非洲國家。有個神祕的聲音引起大規模蝗災，摧毀了當地生態系，若不阻止，後果將不堪設想——不只是該國饑荒，甚至會導致全球糧食供應鏈崩潰。

這本漫畫中，產生「頻率A」的邪惡技術是一群形象好認的壞人集團開發的：一個叫「凱爾頓」的嚴肅硬漢頗像英國人、「羅納德」有著美國人的大鼻子、一個東亞長相的四眼田雞科學家顯然暗諷日本人，他們還有個夥伴是納粹戰犯。「頻率A」可能影射「高頻主動式極光研究計畫」（HAARP）這類真實存在的美國研究計畫。HAARP被陰謀論者描述為美國祕密研發來操縱氣候的武器，可以微波加熱空氣、改變大氣環流，造成風災、水災、火災、地震，乃至於太陽黑子的異常活躍。北韓雖然嚴格閉鎖國門，但看來對全球陰謀論瞭若指掌。《頻率A的祕密》屬於「朝鮮人拯救世界」的一個漫畫類型。被拯救的國家位於非洲也不是偶然，北韓一九五〇年代起就透過販售軍武在這裡培養盟友。

外國人都長一樣！

有些西方人有種刻板印象，認為「東方人都長一樣」（在韓國，困擾歐美人士的另一個問題是韓國人的名字都長一樣，全部都是三個字！而且不是金、朴就是李！）一個杜撰的故事說明東方人對西方人也有相同看法。話說韓國剛「光復」的時候，有個韓國工人在首爾的一個市場被一個白人毆打，竟然光天化日下被活活打死了。警察趕到時，兇手早已逃之夭夭，但由於目擊者眾多，警察相信很快就能找到他。他們失望了，所有目擊者都只記得他「是個外國人，高高的，身上有股酸掉的牛奶臭，鬍鬚毛髮特別多……而且鼻子很長」。警察們搜集了嫌疑人照片，甚至把人帶到現場請目擊者指認，還是沒用。所有證人都說他們分不出來，因為外國人都長一樣。

《熱帶雪暴》（열대림의 눈보라）也是以非洲為背景的北韓漫畫，出版於二〇〇一年，畫風更接近青年漫畫，且內容更嚴肅刺激，顯然鎖定成人讀者群。故事裡的兩位主角都姓金，彷彿親愛領袖金正日和他的偉人爸爸。這兩個朝鮮人都是醫生，與國籍膚色各異的一群同機旅客被黑幫分子擊落在非洲「惡魔山」附近的叢林裡。為了生還，眾人決定選出一個暫時的領袖，較高大的一位金醫生因為正氣凜然又心思縝密，被認為是最適合的人。金醫生決定率領大家往山上走，但引起了幾個魯莽的美國人抗議。美國人根據他們過

於膚淺的想法，認為要往山下走才對。金醫生無法阻止他們，任由他們去了。最後，跟隨金氏登上山頂——追隨白頭血統——的一行人順利獲救，那些相信區區莽夫的判斷會比領袖好的美國人則被谷裡的鱷魚吃掉。

《熱帶雪暴》的主角有許多機會引述主體思想的箴言，並且擺出任何朝鮮人都經常在金日成雕像和畫像中看見的姿勢。故事中的兩位金醫生心胸開闊、明智、善良、富有同情心，拯救了被大西洋對岸來的黑幫騷擾的非洲某國人民。

全部都由政府出版的北韓漫畫場景設置在非洲，並不是為了分享單純的異國幻想。二〇一三年，一份聯合國報告揭露北韓向赤道上最大的非洲國家——剛果民主共和國運送軍隊與武器，以交換開採核武材料鈾礦的權利。北韓軍事顧問也在與該國接壤的安哥拉、尚比亞、烏干達，以及辛巴威與衣索比亞活動，藉由支援軍事培訓和販賣重型武器來和這些國家搏感情。漫畫書對於北韓外交策略的透露多得令人吃驚，或許因為它們的語言比起針對大人的政治宣傳更透明。

近幾年，YouTube上開始出現許多脫北者製作的影片，想要了解北韓的真實情形變得比較容易了。在還沒有這些資源可得的時期，給了許多人一扇重要窗口的是部二〇〇三年漫畫作品——不是北韓官方漫畫，而是魁北克人居·得立勒（Guy Delisle）的《平壤小確幸》（*Pyongyang: A Journey in North Korea*）。得立勒曾經赴平壤從事動畫工作兩年，用他的畫筆捕捉了那段時間的記憶。他質樸的黑白繪畫似乎比影片照片更能傳達這座昔日「東方耶路撒冷」的巨大與空虛。

最強騙子金先達

北韓漫畫中也有神話和民間傳說人物，一個受歡迎的例子是朝鮮末年的「最強騙子」金先達（김선달）。「先達」是指已經通過科舉考試，但還沒被分配官位的人，因此叫這個名字本身就給人一種連連掛保證，但根本靠不住的感覺。金先達也被叫作「鳳兒金先達」（봉이 김선달），因為他曾經把一隻雞說成鳳凰，繞了一大圈來騙一個想敲他竹槓的雞販。金先達時常利用類似手法誆騙十九世紀的平壤達官貴人：以他們的虛榮或貪婪為弱點，搭配天花亂墜的胡扯來使他們上當。

金先達最出名的是賣大同江水的故事——一八六六年美國蒸汽船就是順著這條江駛到了平壤。古時候朝鮮人認為平壤的形狀就像大同江上的一條船，所以不願意鑿井取水，因為在船底打洞太不吉利了。人們總是到大同江邊取水，這讓金先達想到一個妙計。他和一群人串通，要他們每次來打水就假裝付錢給他。一個兩班看見他坐在河邊收錢收了一整天，覬覦地問他為什麼大家都要給他錢。金先達解釋，因為他是大同江主，取大同江水自然要付他水費。經過他的詳細解說，兩班發現這是一樁上好的投資，立刻拿來幾千兩銀子向他買下大同江。隔天，兩班來到江邊收錢。當然沒人要付錢給他，大家都笑了他幾句就提著水回家了。

在南韓，金先達是個傳說中的大騙子，但通常是為了一己之私，例如吃狗肉、喝酒之類的無聊小事騙騙人，並不被視為多偉大的人物。但在北韓，也許因為他來自平壤（而且姓金），他被提升到了某種鄉土英雄的地位。北韓漫畫中的金先達是個勤奮工作的農民，運用騙術將村人從兩班地主的壓榨中解放出來，有時還會保護地方資源，將城裡來的兩班羞辱一頓趕回去。

雖說形象不太一樣，但南北韓人都很愛看金先達騙倒眾生的故事。北韓多部視覺文學作品以他為主角，包括二〇〇六年集結四則軼事的《兩班成千受辱記》（*The Disgrace of the Yangban Seong-cheon*）。南韓導演朴大民二〇一六年執導了暑假娛樂片《騙神！騙鬼！金先達》（봉이 김선달）。

6 現代韓國神話

現代韓國是個以追求科技創新聞名的地方，擁有全球數一數二的網路覆蓋率及排名前五的智慧型手機普及率，在5G、AI、機器人等領域的先進使此地成為所謂「第四次工業革命」的重鎮之一。與此同時，除了與北邊鄰居關係的持續緊張，成為科技強國的南韓今日面對著愈來愈嚴重的人口老化、職場壓力及校園壓力等問題。南韓目前在有「富國俱樂部」之稱的OECD（經濟合作暨發展組織）三十八個會員國中自殺率居首而出生率墊底，約十年前網路上就出現了流行語「地獄朝鮮」（헬조선）一詞，用來形容這個令貧者和年輕人絕望的環境。

儘管擁有現代化的大城市和地球上最密集的通訊網路（這也伴隨著各種相關的問題），南韓社會依然深植於傳統之中。過去數百年來形塑南韓的儒家原則繼續影響著這片土地上的人際互動、家庭關係、企業文化和社會期許。並置於首爾街頭的摩天大樓和古宮老廟具現了新與舊的和諧以及矛盾之處。傳統節慶如陰曆新年和秋夕依然受到重視，西洋輸入的耶誕節、情人節和最新的萬聖節也堂堂登上了行事曆。當代韓國是既活潑又緊張的新舊混合物，現代化的步伐不斷加速，振盪傳統價值發出一連串迴響。南韓以突出的韌性走過了從戰後廢墟到經濟與文化強國的艱難旅程，過去半島上的歷史、風俗、傳說如今流動在二十一世紀南韓的敘事裡。這個敘事和所有類似敘事一樣有著複雜層次，有著表層往往看不出的深層衝突，即使形式與媒介已更新，也繼續創造著屬於它的新神話與故事。

民主神話

西方課本通常描述，大韓民國自一九四八年建立以來就是民主國家，但事實其實更為複雜。南韓首任總統李承晚是獲得美國支持的一位威權總統，在他任內，南韓曾發生兩次大規模屠殺事件：一九四八年的「濟州島四・三事件」（由於一場抗議而起的血腥鎮壓及報復性掃蕩事件，導致兩萬五千至三萬濟州島民死亡）以及一九五〇年的「國民保導聯盟屠殺事件」（該聯盟是南韓政府為了再教育「共產黨支持者」所成立的一個組織，有些會員甚至只是地方為了「業績」慫恿登記的普通平民；韓戰初期，南韓國軍針對該聯盟成員進行屠殺，估計死亡人數在十萬以上）。李承晚在一九六〇年的總統選舉中無異議勝出，但該次選舉被普遍認為是「不正」的選舉。那場選戰中，尋求第三次連任的李承晚——原連任一次的限制六年前就被他修憲推翻——有兩位對手：進步黨的曹奉岩及民主黨的趙炳玉。曹奉岩被李承晚政府指控為北韓間諜，遭到逮捕並處以死刑，事隔五十年才被平反，如今被認為是南韓最早的「司法謀殺」事件。另一位參選人趙炳玉於選舉前夕癌症發病，在李承晚政府宣布提前舉行選舉不久後驟逝於美國。即使在如此條件下，李承晚在選舉當天依然動員了大批公職人員進行舞弊，使得憤怒的群眾上街抗議。一名據信被警方殺害並沉屍河中的示威高中生遺體隔了一個月才被找到，震驚南韓社會，引爆了要求萬年總統下臺的四．一九學運。當天下午政府宣布戒嚴，警方對著民眾開槍，造成近兩百人死亡和數千人受傷。李承晚隨後被美國逼迫請辭，在CIA協助下逃亡夏威夷，最終客死他鄉。

然而，軍事將領朴正熙在一九六一年的政變中上臺，把持總統大位到一九七九年，在任時間甚至比李承晚更長。朴正熙政府對漢江奇蹟饒有貢獻——南韓生活水準在朴正熙任內正式超越了北韓——但這些快速成長是以高壓統治手段換來的。朴正熙任內，韓國中央情報部（KCIA，效仿美國CIA建立）成為無人能擋的勢力，朴正熙的軍隊在越戰中支援美國，不久便以對越南人民的暴行聞名。朴正熙經歷過兩次暗殺未遂，其中一次造成他的夫人喪命。一九七二年，朴正熙同樣透過修憲手段讓自己延長任期之後，南韓全國爆發了民主運動。朴正熙直接宣布南韓進入戒嚴狀態。他解散國會、凍結憲法，開始實施獨裁統治直到一九七九年十月遇刺身亡——策畫刺殺事件的不是別人，正是他任命的KCIA部長。那年年底，成立不到六天的新政府被另一次政變架空，擔任朴正熙刺殺事件「聯合搜查本部長」的陸軍將領全斗煥開始掌握南韓軍政大權。

全斗煥以唯一參選人的身分在次年夏天被「統一主體國民會議」（朴正熙修憲後的選舉機構）選為總統，成為新任獨裁者，統治南韓八年。他「當選」前的五月宣布關閉國會和擴大戒嚴，民間的抗爭也隨之愈演愈烈。在南韓西南部的光州，數以萬計的學生聚集到一所大學校門口示威，全斗煥政府的回應是派出特種空降部隊鎮壓他們。在那五月的十天中，鎮壓演變成無差別的屠殺，無數平民遭到持棍棒和刺刀的士兵毆打、踩踏、殺害甚至虐殺，光州市民開始組成自衛軍全城反抗，最後被坦克鎮壓。「光州事件」成為韓國民主運動史上最黑暗的里程碑，也是韓國人對美態度的轉捩點。過去幾乎一致挺美的韓國人之中開始出現一種聲音（尤其在年輕學生間），相信美國默許全斗煥政府把軍隊開進光州——意味著美國不是民主的盟友，而是獨裁者的幫兇。南韓與北韓的關係也出現惡化的跡象：一九八三年，出訪緬甸的全斗煥險些被北韓特務暗殺。該事件被懷疑是金正日所策畫，導致十七位南韓及緬甸人被炸死，包括多位全斗煥內閣成員。

一九八七年六月，全國性的示威浪潮終於使全斗煥同意交出政權。一來他自己已將總統任期修改為七年、不得連任，二來避免在一九八八年奧運期間發生暴動事件。「六月民主運動」到隔年新政府上臺被稱為南韓的和平民主轉型，只不過這場轉型似乎不太令抗爭者滿意，甚至也不太和平，因為全斗煥欽點的接班人兼老戰友盧泰愚擊敗民主派的金泳三和金大中低票勝選後，民間立刻又爆發了新的騷動。無論如何，盧泰愚在八八奧運那年宣誓就職，成為南韓第一任真正由民意選出的元首。從他以來的南韓總統任期皆為五年一任、不得連任（根據一九八七年修改通過的南韓憲法）。

再度挑戰的金泳三於下一屆總統直選中勝出，一九九三年開始就任。有「南韓第一位文人總統」之稱的金泳三於任內推動了一系列肅貪政策和「導正歷史運動」，全斗煥和盧泰愚都被韓國檢方以叛國（發動政變）、內亂（光州事件）和貪污（收受賄賂及侵占公款數千億韓元）等罪名起訴。盧泰愚率先嘗試公開道歉，但依然被判處終身監禁，後來減為十七年徒刑。全斗煥則是在一九八八年親人貪污時寫過唯一一封道歉信（當時他和妻子曾經隱居百潭寺——很符合退隱山林的古老傳統——據說在「沒有暖氣的小房間」裡住了兩年），被判處死刑，後改為無期徒刑。

雖然鋒頭都被前元首受審的事件搶盡，但金泳三的「世界化」（세계화，韓語的「全球化」）政策對後來的南韓也很重要——這是一項嘗試從經濟、法律、文化、環境等等各方面與世界接軌的政策。一九九七年底，即將卸任的金泳三在已經選上的金大中建議下特赦了全斗煥和盧泰愚，作為國家和解的象徵性舉動。盧泰愚和全斗煥仍須還給南韓國庫各兩千多億韓元（約新臺幣五、六十億），不過全斗煥宣稱他名下資產只有二十九萬韓元（約新臺幣六千元），直到九十歲高齡逝世為止也只繳回一半。

南韓民主時期的第三位總統金大中是異議分子出身，生平相當傳奇。他曾經逃過朴正熙的暗殺，遭到ＫＣＩＡ綁架及刑求。一九八〇年光州事件後，金大中與許多民運人士皆被全斗煥和盧泰愚等人逮捕判刑，金大中被指控為事件首謀，一度被處以死罪。當選總統後，他不僅建議金泳三特赦曾經迫害自己的兩位前總統，甚至還會邀請他們到青瓦臺共商國是（青瓦臺為二〇二二年以前的韓國總統府）。他在二〇〇〇年獲頒諾貝爾和平獎，理由是促進南北韓和解的努力——金大中政府主張以善意和人道援助改善與北韓的關係，並將這項方針取名為「陽光政策」，源自伊索寓言〈北風與太陽〉。該故事描述太陽以溫暖使路人脫下外套，北風的冷酷卻使路人將衣服裹得更緊；很諷刺的是，一向以太陽自稱的北韓至今採取的似乎都是北風的作法。

以上只是一九四八年後南韓政治史的一部分。一九四八的南韓建立在一座剛經歷近半世紀的殖民、又立刻被強權瓜分的半島上。即使走出了世界大戰和三年韓戰，仍然為了追求民主而血腥不斷，與此同時還得面對全球性的經濟和文化挑戰。當時也許沒人敢想像這隻「鯨魚間的蝦子」有朝一日也能變成影響世界的一個國家——但它確實辦到了，透過今天誰都聽過的「韓流」現象。

韓流傳奇

「韓流」（한류）是上個世紀末中文媒體發明的一個詞，與強勁冷氣團同音[1]，用來形容剛崛起的韓國流行文化強勢席捲亞洲的現象。這個詞彙後來倒流回韓語，並在韓流從亞洲現象變成世界現象後被英譯為「K-Wave」。

根據韓國學者的看法，「K-Wave」的開端在一九九〇年代初期。當時香港的亞洲電視有意引進韓劇，一九九一年購買兩年前播完的一套韓劇後，一九九二年決定嘗試一項創舉——引入一個月前才在韓國播畢的《愛情是什麼》（사랑이 뭐길래）。據說他們獲得了

韓國海外文化弘報院（해외문화홍보원）院長的協助，院長本人將片源用外交郵袋寄到韓國駐香港領事館讓他們播出。這兩部韓劇的成功讓亞洲電視決定開設每週固定的韓劇時段，並與韓國駐香港領事館建立了合作關係。《愛情是什麼》一九九七年成為中國第一部熱播的韓劇（或許也因為海外文化弘報院的努力）。

不出幾年，韓劇不只在菲律賓、越南、馬來西亞、臺灣、日本的電視頻道上熱映，也開始擴散到歐洲、南亞、中東，以及包括古巴的拉丁美洲。這段時期的人氣韓劇可以列成很長的清單，但最能呈現代表特質的或許要數二〇〇二年的《冬季戀歌》。《冬季戀歌》是史上第一部風靡日本的韓國連續劇，飾演男主角的裴勇俊在日本被暱稱為「勇樣」（勇殿下），日本首相小泉純一郎二〇〇四年爭取連任時甚至表示他要努力像「勇樣」一樣受歡迎（裴勇俊那年拜訪日本時，三千多位女粉絲湧入機場接機，現場出動三百五十名警力維護秩序）。

《冬季戀歌》是一部賺人熱淚的純愛肥皂劇，描述一對學生時期被命運拆散的男女在

1 駐韓獨立記者楊虔豪指出，「韓流」最初是臺灣報紙用來形容亞洲金融風暴中韓幣貶值可能帶給產業的冷暖衝擊（1997.12.12《中國時報》），隔年才有文化版以之形容強勢崛起、即將「襲臺」的韓國流行音樂（1998.12.17《聯合晚報》）。陳慶智，〈「韓流」語源與發展考察〉，2018.11.4。

多年後重新相遇，其中包括了失憶、車禍、意外的血緣關係等等韓劇經典情節，但特別以回憶與鄉愁為主題。男主角是個無比優秀的青年，但碰巧性格內向、纖細，不擅長與人相處（似乎是亞洲女人最愛的類型），以至於真正懂他的唯有女主角一人。《冬季戀歌》不只創下超高收視率，也帶動了相關流行趨勢和韓國旅遊熱潮，有人估計這部劇集總共為韓國創造了兩百七十億美元的經濟效益。

上述兩部早期代表作亦描繪出現代人面對的價值衝突，或許很能引起所有環太平洋地區的觀眾共鳴。《愛情是什麼》圍繞觀念「保守」、「前衛」的兩個首爾家庭，兩家的媽媽是高中同學而經常到彼此家串門子，劇中還有她們的婆婆和五個年輕一代的孩子，情節凸顯三代人在維持傳統價值和適應高度競爭的全球化資本主義社會之間遭遇的兩難。《冬季戀歌》同樣訴說某種價值轉變，片中與傳統大男人形象完全相反的男主角迷倒了無數中年女性觀眾（裴勇俊因此被封為「師奶殺手」），而該年齡層的女性可能是最深刻感受到傳統父權要求和新的社會現實之間矛盾的一群。

接下來的韓國影劇愈來愈多元，幾乎可以想到的所有類型都出現了精良作品：喪屍（《屍速列車》，二〇一六年）、怪獸（《駭人怪物》，二〇〇六年）、吸血鬼（《蝙蝠：血色情慾》，二〇〇九年）、科幻（《末日列車》，二〇一三年）、動作（《大叔》，二〇一〇年）、西部（《神偷・獵人・斷指客》，二〇〇八年）、恐怖（《哭聲》，二〇一六年），甚至還有成功的經典翻拍，例如將二十七年前的盧貝松電影《霹靂煞》（*Nikita*）之動作場面和鏡頭語言提升到新境界的二〇一七韓國作品《惡女》。這整段時期，韓國影劇的製作水準和編劇功力始終穩定成長，速度從來不遜於、有時還超過全球影劇產業。

韓國電影的表現近來亮眼到了一般人也會發現的地步。二〇一九年，奉俊昊（前段提及的《駭人怪物》與《末日列車》皆為他的作品）執導的《寄生上流》在坎城影展獲得評審團全票肯定，成為第一部摘下金棕櫚的韓國電影，甚至締造影史奇蹟，勇奪該屆奧斯卡最佳影片——過去九十一屆奧斯卡都將該獎項頒給英語電影。奧斯卡之後，《寄生上流》在全球風光重映。美聯社報導，「奧斯卡效應」帶給該作的票房收入刷新了二〇〇一年《神鬼戰士》以來的最高紀錄。

《寄生上流》的核心主題——社會階層化、貧窮、窮人所受的壓榨、富人的傲慢，以及一觸即發的社會仇恨——由於涉及現代社會的普遍問題而能引發跨越國界和文化的共鳴。這些主題同樣可見於在前一年坎城影展上拿下費比西國際影評人獎的南韓電影《燃燒烈愛》（버닝，「Burning」之拼音）中。比起寓言色彩較濃的《寄生上流》，導演李滄東改編及擴充村上春樹短篇小說所拍出的《燃燒烈愛》更側重心理描繪，調性也更壓抑和感

傷。這兩部電影預告了一部甚至更轟動的作品之出現：二〇二一年的Netflix韓劇《魷魚遊戲》。

《魷魚遊戲》九集都由韓國電影導演黃東赫編導，非常精巧地嵌合了懷舊、諷刺、深沉的社會批判（甚至批判它自己賴以成功的媒體文化），在那一年橫掃Netflix九十四個國家的年度排行榜冠軍。它那幾乎沒有邊界的魅力一部分來自與經濟不景氣、令人絕望的社會競爭、懷念古早時光相關之主題，而貫穿這一切的是對企業資本主義的批評。對韓國觀眾而言，《魷魚遊戲》尤其喚起鄉愁，因為劇中出現許多在快速科技化和都市化之後已被電玩取代的童年遊戲。看見這些記憶裡的畫面被扭曲成為了獨占百億獎金彼此殘殺的血腥生存遊戲，可能足以令任何南韓人心驚。《魷魚遊戲》一方面像個寓言，另一方面也近乎寫實，它在全球寫下的驚人收視率只是再度說明了南韓目前面對的問題與地球上多少國家相近。

以上這些影劇作品也都示範了韓式融合主義和適應及吸收外來影響的能力。電影在日治下的朝鮮半島就很受歡迎。韓戰結束後，戲院在南韓各地如雨後春筍般冒出，開始放映有字幕的外語片——不少透過美軍傳入——，雖說都要經過政府審查，仍然將源源不絕的歐美流行文化送到了韓國觀眾眼前。類型電影如義大利式西部片、恐怖片、美國怪獸片、吸血鬼片（尤其克里斯多福・李出演的《德古拉伯爵》系列）、米高梅出品的歌舞電影、《〇〇七》系列，以及每年固定輸入的好萊塢強檔片主宰了票房和放映間。即使在「文化殖民」（用來形容經由收音機和電視湧入的外國內容，以美國為最大宗）一類的詞彙出現前，人們也已經意識到此種不平衡必將衝擊本土產業與文化。光州事件後的反美風氣下，將文化輸入變成文化輸出的動力愈來愈強，這件事匯集了藝術界、學術界、政治界的關注，變成推動韓流的一股重要力量。南韓人迫切感受到他們必須創造自己的文化，不能只是被外來文化洗禮。

朝鮮時期繪畫中的圍棋玩家。

韓流襲坎！

一九四六年首次舉辦的坎城影展是世界上最負盛名的影展。它不只是每年五月中讓媒體瘋狂的熱鬧盛事，也是肯定當代電影藝術成就的桂冠殿堂。過去曾有不少影史經典在這個場合首映；作品被挑選到坎城影展上播映足以改變電影工作者的生涯。在這座南法城市與影展同時舉辦的還有世上最大的「電影市場展」（Marché du Film），片商會在此選購潛力新片。進軍坎城會帶來的不僅僅是聲望，也包括確實的商業利益。

韓國電影進入二十一世紀後才開始在坎城獲得肯定，當時吹起的韓流目前還在旺盛活躍中。

2002　林權澤憑藉生涯第九十八作《醉畫仙》（취화선）獲最佳導演。這是韓國電影首次在坎城得獎。

2004　朴贊郁「復仇三部曲」之二《原罪犯》（올드보이）獲評審團大獎。

2007　全道嬿憑藉《密陽》（밀양，李滄東執導）獲最佳女演員，成為第一位亞洲坎城影后[2]。

2010　李滄東《生命之詩》（시）獲最佳劇本。

洪常秀《愛情，說來可笑》（하하하）獲一種注目單元最佳影片。

2011　金基德記錄自我放逐的《阿里郎》（아리랑）獲一種注目單元最佳影片。

2013　文秉坤《安全上壘》（세이프）獲短片金棕櫚。

2018 李滄東《燃燒烈愛》（버닝）獲費比西國際影評人獎。

2019 奉俊昊《寄生上流》（기생충）抱走最高榮譽金棕櫚獎。

2022 朴贊郁《分手的決心》（헤어질 결심）獲最佳導演。

宋康昊憑藉《嬰兒轉運站》（브로커，是枝裕和執導）榮獲影帝殊榮，他是第三位贏得該獎的亞洲男演員[3]。

藉由韓流的擴散，韓國將文化生產扭轉成一個更複雜的迴圈，它口中的「軟實力」再度成為其他國家控訴的文化殖民。然而韓國電影在全球的成功也被視為韓國獨特能力的表現，韓國編劇和導演們能夠使影劇作品充滿他們自己的傳統元素，有時在「恨文化」的加持下更加強化。

「恨文化」（「恨」與「韓」都讀作「한」）為韓文化中一個複雜而幽微的概念。「恨」在韓語中的意思與原始漢字意思不盡相同，主要是指一種因為遭受傷害，而感到委屈、遺

2 譯注：繼張曼玉之後。

3 譯注：繼葛優和柳樂優彌之後。

憾、苦澀、憤慨的情緒。恨並非稍縱即逝，它被描述為壓在胸口的沉重負擔，難以減輕或表達——含恨死去的人據說會變成厲鬼。恨可以是指個人的或集體的，尤其用來描述由於韓民族承受的歷史傷痛所產生的感覺，在一代傳一代的過程中漸漸累積。恨可以令人鬱鬱而終，或狂怒報仇，或展開重建正義的行動。恨在朝鮮半島過去的文學中並非被廣泛描寫的主題，但朝鮮歷史上一次又一次的強國侵略和階級壓迫使我們不難明白為何「恨」會被看成是古老的文化遺緒。

恨的神話

近來，恨被廣泛認為是韓民族性格中特有的一種特質。這種看法如此普遍，以至於有些西方人開始誤以為韓國的「韓」（han）就是「恨」（han）的意思。事實上，「韓」只是朝鮮王朝傾頹後開始使用的一個起名文字（name character）[4]。今天韓國人對於「恨」字意義的理解是日本殖民時期之後才確立的，建立在那個時期以來的知識分子及作家的文字上，也許最初是作為對於日本企圖消滅韓國文化的反撲。在更古老的韓語文學中，「恨」通常指經歷創傷或失落而產生的個人之恨，而非帶有歷史重量的國仇家恨。有些學者認為當代的恨是個「被發明的傳統」，但傳統本來就是隨著時代變遷的，因此或許該更精確地說，恨的概念是隨著歷史條件的變化而演變成了今日的樣子。

「恨文化」展現於韓國文學、音樂、電影和其他藝術中。當代韓劇和韓影經常有個潛在主題，某種傷害會驅使主角為自己復仇（鬼故事和驚悚作品中尤其顯著），作品也因此染上一種悲情色調。同樣的色調有時也被灌注到舊的民間故事中，舉例來說，有些《阿娘傳說》（見頁一四八）的現代版本將新使道和阿娘都描寫為有段辛酸遭遇的可憐人，一起調查真相後終於復仇成功，從此過著幸福的日子。

有個例子或許很能說明韓國影人如何在吸收外來影響後將之編織在自己文化的故事中——張俊煥二〇〇三年的《救救地球！》（지구를 지켜라！）。這部超越類型的狂想之作當年奪得有「韓國奧斯卡」之稱的大鐘賞最佳新導演、富川國際奇幻影展最佳影片、釜山影評人協會最佳影片、最佳新導演、最佳男主角等等諸多獎項。然而票房相當慘澹，製

4 譯注：「韓」是自古使用的朝鮮半島代稱，源自朝鮮古三國「三韓」（馬韓、辰韓與弁韓），見頁十五注。

作成本三十三億韓元，收入卻只有不到三億。有傳言說這是因為該片選了非常不吉利的四月四日上映所致，不過分析者認為大問題出在宣傳方式：片商將這部電影包裝成一般娛樂片，導致買票進戲院的觀眾被黑暗暴力的內容嚇傻，能欣賞它的小眾卻不知道有這麼一部好片上映了。

《救救地球！》眼界非常國際化，它層次繁複的意義有些可能要讀過電影研究才能解讀。不過張俊煥在專訪中提到兩個主要靈感來源：改編自史蒂芬·金同名小說的一九八七年綁架電影《戰慄遊戲》（*Misery*），以及他在網站上看到的一則謠言，說李奧納多·狄卡皮歐是外星人，早在計畫征服地球。片中除了能看出這兩個潛文本，還有一連串向影響韓國的外來文化致敬的暗示或明示，以下選取特別明顯的幾點：

電影一開始就能聽見有人唱著〈彩虹之上〉（Somewhere Over the Rainbow）的聲音——所有美國人都知道這是一九三九年電影《綠野仙蹤》（*The Wizard of Oz*）的主題曲，該片為最早使用「特藝七彩」（Technicolor）技術的電影之一（常被誤認為最早的彩色電影）。歌聲來自一卷卡式錄音帶，從車內音響播出，我們看見一輛車在隧道裡飛衝，像極了盧貝松《地下鐵》（*Subway*）著名的飛車場景。片中主角將他抓來的「外星人」關在一間地下室，那個地方看起來酷似經典黑色科幻片《銀翼殺手》（*Blade Runner*）場景。

主角是個養蜂人，如同退休養蜂的福爾摩斯；他的女友職業為走鋼索，令人想起一九六六年法義合製的《紅心國王》（*Le Roi de Cœur*）中女主角行走電線的一幕。他的狗很像《綠野仙蹤》裡桃樂絲養的多多（Toto）；片中不修邊幅的怪探長就像美國家喻戶曉的神探可倫坡（Columbo）。綁架事件解決後的蒙太奇再現了《二〇〇一太空漫遊》（*2001: A Space Odyssey*）和《刺激驚爆點》（*The Usual Suspects*）兩部名作的元素。外星人毀滅地球的末日結局令人想到二〇〇五年拍成電影的《星際大奇航》（*The Hitchhiker's Guide to the Galaxy*）、一九七四年的《黑暗星球》（*Dark Star*），或甚至《辛普森家庭》（*The Simpsons*）裡的外星人。同一時間，《救救地球！》也是一部極度傷感和政治的電影，呈現出過去八〇年代南韓政府暴力鎮壓勞工運動，以及大財閥無情壓榨員工留下的歷史痕跡——這部分任何韓國觀眾都能解讀。《救救地球！》時而非常暴力，時而非常諷刺，故事最後也沒有結論，直到片尾字幕捲完，我們看見一臺破電視播出主角的畫面。

《救救地球！》是一部起自「恨文化」的電影，「恨文化」也在片中透過各種外來影響展演了它自己（儘管會逃過多數韓國觀眾的視線）[5]。該作提出一種對韓國經濟、政治、文化的深刻批判，並將此訊息遞向不分國籍的所有觀眾。它彷彿過去用漢字書寫的韓語文學，是寫給小眾看的。儘管本土票房不佳，但它在海外意外累積了一群欣賞者，被認為是韓國邪典（Cult）電影的傑作。像這樣的作品或許可以說是蟄伏於韓流中、等待一鳴驚人的作品。

韓流也產出了許多更淺顯易懂的韓影和韓劇，強調韓國歷史、神話、鄉土傳統元素，好像怎麼拍都不缺主題。迷人的韓國妖怪九尾狐不只出現在《傳說的故鄉》（二〇〇八年）等幻想單元劇中，也作為主角活躍於整季《我的女友是九尾狐》（二〇一〇年）、《九尾狐傳》（二〇一〇年）等愛情劇裡。《南漢山城》（二〇一七年）這類的壯闊史詩片似乎與西方殭屍片等類型混搭，造就出《屍戰朝鮮》（二〇一九年）等全球知名的Netflix影集。當年大紅的《靈異第六感》（一九九九年）好像啟發了無數刑警、偵探或其他行業的主角看得見死者的韓國連續劇——不過通常會加上韓國特有的悲情復仇氛圍。提到地獄或陰間的電影也大行其道，尤其吸引中國觀眾，例如以冥界使者為主角的《與神同行：罪與罰》（二〇一七年）。

重新想像過去

當代韓國「藉由想像來神話化過去」的現象有幾個好例子，其中之一為古裝電影和電視劇的成本轉型。直到一九七〇年代晚期，韓國古裝劇通常利用既存場景和平價戲服，導致典型成品看起來有點窮酸，背景中看不見太多古代物質生活，而且時常出現曾被轟炸或燒毀、尚未完全復原的森林或其他地景。人們想像中的古代朝鮮因此帶有一種貧瘠荒蕪之感。

「漢江奇蹟」後，隨著二十一世紀的接近，韓國影劇工作室有了更好的技術和更充

5 譯注：譯者查了一下後想為張導叫屈：《救救地球！》不是外來影響大雜燴啦。該片（下有劇透）敘述主角秉九（병구，與「病球」同音）綁架了一家知名企業的會長，因為他一直相信某顆星球的外星人準備毀滅地球，此前已經綁架殺害許多人，將他們的肉餵給愛犬「地球」吃。（《戰慄遊戲》裡有個叫「苦難」（Misery）的小說角色被小說家賜死，一個瘋狂女讀者綁架小說家並逼迫他「把苦難帶回這個世界」。）兩個警探經過一番搜查終於逮捕了秉九，觀眾發現他從小就有奇慘無比的遭遇——包括在工廠當女工的母親吸毒成癮變成植物人、戀人在工運中被防暴警察打死——，可是正當一切都顯得像秉九發瘋後的妄想，劇情突然大逆轉，會長自承真的是外星人，並揭露秉九過得那麼慘是因為他們母子都是外星人的實驗品。外星人發現地球人無可挽救的攻擊基因會把這顆宜居的小藍星毀掉（電影搭配了光州事件的影像），因此嘗試改造人類，特別選中秉九母子這種生活不幸的人，是因為事實證明不幸會削弱人的攻擊基因。最後，一艘外星飛船降臨，把會長斷定沒救的地球炸掉……某臺漂過宇宙的破電視映出秉九曾經快樂生活的樣子。一般評論較常提及的致敬或諧擬片段包括作者提到的《二〇〇一太空漫遊》、《銀翼殺手》、《驚爆刺激點》以及希區考克《驚魂記》、《MIB星際戰警》（因塞車而將車開在隧道頂）等幻迷或驚悚迷熟悉的名作；〈彩虹之上〉是一首常被用來表達「盼望某處有個更好的地方」的老歌。

沛的預算。古裝劇製作水準因此大幅提升，能夠呈現出更鮮豔活潑或波瀾壯闊的過去。一個當代韓國人回頭看舊的古裝劇，會覺得它們彷彿成本不足，所以拍不出「真正」的古代朝鮮半島。最新的想像中，古代朝鮮半島是富裕的，哪怕經常上演悲劇情節。

特別在新冠疫情後，韓流為韓國影劇開拓了更多元的本土客群。有些韓劇開始利用此機會帶領觀眾認識韓國文化與歷史，包括本土與外國觀眾。舉例來說，二〇二一年的《御史與祚怡》不時在劇中插入說明小字來解釋古代用語和風俗，儘管這部古裝劇裡還融入了現代外國元素——它的第一集就使用了濃濃西部片風情的配樂，突顯戴黑笠的御史就像西部牛仔的笑點。像這類自覺的國際幽默亦可見於非古裝的戲劇，例如二〇二三年的懸疑喜劇《摸心第六感》（힙하게，直譯是「臀部地」，因為獸醫女主角自從出了場意外就能藉由摸動物的屁股與牠們溝通）。該劇的

戴黑笠的男人。這種傳統輕質帽子是用烏紗、馬毛等材料編織而成。

配角之一是位散發酷兒刻板印象的薩滿男巫，他能被將軍神附身——並非哪個朝鮮名將，而是二戰期間在太平洋舞臺上出演要角、有時被簡化理解為「救了韓國」的大將軍麥克阿瑟（Douglas MacArthur）。劇中男巫的綽號就是「五星」，這個名字韓國人聽了可能會想到民間信仰的七星神，美國人卻會想到五星上將麥克阿瑟的軍階而感覺別具趣味。

韓流外交

韓國影劇意外的功能之一，是它間接暖化了兩韓關係。一個非韓國人可能會覺得這只是創意加上行銷的結果，畢竟碰觸南北關係的韓劇和韓影很受歡迎。但各位可不能忽略了南韓政府對文化產業的影響。近二、三十年間，南韓對北韓的方針轉了個大彎：從韓戰後直到全斗煥軍事獨裁於一九八八年告終，南韓教科書中充滿反共的政治宣傳，對北韓的描繪無一例外總是負面的。然而民主化之後，南韓政府對北韓的態度不再被後冷戰軍事文化主導，看待北韓的眼光變得顯著地比較友善。

舉例而言，來到南韓的北韓難民過去被稱為「歸順者」（귀순자）或「歸順勇士」（귀순용사），今日則稱為「脫北者」（탈북자）或「北韓離脫住民」（북한이탈주민）。小

學和中學課本不再大量強調北韓入侵的迫切威脅。南韓官方與民間除了依然致力於破除北韓造出的神話和政治宣傳，也開始謹慎審查來自外國媒體的對北韓之呈現。北韓造成的核武威脅千真萬確——如同北韓領導人金正恩一再提醒世界的——然而南韓應對北方的方式變得較以往更為圓融。這種態度轉變使得影劇中出現的北韓人形象不再是過去刻板印象中的壞蛋。從戰爭片、間諜片到愛情喜劇，作品中開始出現南北韓人互相理解與合作的主題。

第一部此類型代表作可能是驚悚愛情片《魚》（쉬리，一九九九年）。《魚》環繞一位北韓女特務和一位南韓男探員，當時是南韓有史以來製作成本最高的電影。該片上映後紅翻韓國，超越《鐵達尼號》創下票房新高，此外也在香港締造了熱潮。電影名稱取自朝鮮半島特有的高麗雅羅魚（쉬리），這種魚生活在兩韓河域中，並不知道自己游到了共產之水或民主之水，象徵在錯綜複雜的流動中交會的兩韓人民。

《魚》的票房紀錄還不到兩年就被二〇〇〇年的《共同警戒區JSA》打破。《共同警戒區JSA》由後來在坎城多次獲獎的朴贊郁執導，以韓國小說家朴尚淵的著作《DMZ》為藍本，講述兩位北韓士兵於板門店被殺而引起雙邊軍事調查，探討了南北軍事人員在DMZ成為密友的悲劇以及充斥其中的政治和道德難題。

這兩部強片之後，類似主題的韓影和韓劇紛紛湧出：《間諜俏辣媚》（二〇〇四年）彷彿輕快版的《魚》；《特務情人IRIS》（二〇〇九年，電視劇）就像《魚》的衍生劇；《機密同盟》（二〇一七年）敘述一個北韓刑警和一個南韓刑警在一場機密行動中成為搭檔——前者正經可靠，後者負責搞笑；《偉大的隱藏者》（二〇一三年）改編自得獎漫畫，講述三個主角從北韓來到南韓「月亮村」臥底，分別扮成高中生、偶像歌手和村中傻瓜；《紅色家族》（二〇一三年）同一年上映，但更偏向溫馨嚴肅，描述潛入南韓偽裝成普通家庭的四位北韓間諜（編劇為曾獲坎城「一種注目」單元大獎的已故導演金基德）；《鋼鐵雨》（二〇一七年）同樣為漫畫改編，大膽描述北韓發生政變，一名北韓特務帶著受傷的北韓領導人逃到南韓，與南韓國安高層聯手阻止了政變者陷全朝鮮半島於戰火之中；《愛的迫降》（二〇一九年，電視劇）宛如兩韓版的《羅密歐與茱麗葉》，男女主角分別設定為北韓政要後代和南韓財閥千金；《機密同盟二》（二〇二二年）除了前作的南北刑警外，更加入一位韓裔ＦＢＩ探員，由具有韓國血統的美國演員丹尼爾．海尼（Daniel Henney）飾演。

以上舉出的只是一小部分例子而已。從這些作品著手外交主題的方法來說，最富趣味和創意的或許要數《愛的迫降》（사랑의 불시착）。這部戲劇建立在一個不太可能發生的

荒謬前提上。女主角尹世理的父親是赫赫有名的南韓超大集團會長，雖然為了生意時常採取違法手段，但重視繼承人的能力而跳過長子和次子，選擇讓年紀最小的女兒接班。然而就在繼承集團的前夕，尹世理為了她的運動品牌去參加滑翔傘活動，竟然遇上龍捲風而「迫降」在DMZ另一頭。她被帶著部下在那裡巡邏的朝鮮人民軍軍官李正赫救起，後者讓她暫時躲在自己位於一個古雅小村的家中。該村雛形應為「和平村」（見頁一八六），但在劇中並未被塑造為無人居住的宣傳村，反而更像南韓人回憶中還沒被手機、網路和西方消費產品攻陷的「美好年代」老農村。世理假冒正赫的未婚妻在那裡度日，發現了許多簡單美好的傳統社群生活價值，儘管知道身為南韓人的自己時時處於死亡威脅之下。

《愛的迫降》同時呈現了南韓財閥以及北韓軍隊的腐敗。兩邊的「壞人」動機皆為貪圖權力和財富；男女主角則

二〇〇〇年南韓電影《共同警戒區JSA》海報。

各自代表資本主義和共產主義「好」的一面。該劇為觀眾刻畫出一版被純良化的北韓生活，凸顯出朝鮮半島傳統價值甚至能存在於共產體制下的張力——這使得《愛的迫降》成為一部對兩韓觀眾都能傳達隱藏政治訊息的難得偶像劇。製作單位不僅為了向北韓以外的觀眾展現真實細節，特地找來脫北者加入編劇團隊，很明顯也考慮到作品必然會被偷渡進北韓，讓北韓菁英以及鄉村大眾看見。雖然令人難過的事實是，北韓民眾這樣做必須冒上生命風險。

K-POP的雙面刃

韓流的另一波主力在世界舞臺上甚至比韓影或韓劇更吸睛，它就是由男帥女美的偶像和百萬粉絲大軍構成、俗稱K-pop的韓國流行音樂。K-pop的國際地位一夕轉變發生於二〇一二年，催化劑為YouTube上瘋狂流行的〈江南Style〉（강남스타일）一曲。〈江南Style〉（指首爾江南區的風格）為韓國音樂人PSY與柳根亨合寫的歌曲，推出MV後一炮而紅，在網路上成為首支觀看次數突破十億的韓國影片（作者執筆的二〇二四年一月此刻已超過五十億）。然而PSY結合諷刺與惡搞的風格其實完全不是K-pop的典型；今日

K-pop風格第一人的封號或許更該頒給兩千年初的韓國歌手Rain。Rain在二〇〇〇年代初期憑藉歌聲、舞技和個人魅力風靡整個亞洲，他還身兼演員，二〇一〇年主演了一部好萊塢電影。不過，K-pop的發展軌跡可以上溯到更久以前，從韓戰後的貧苦年代和金氏姐妹花（김시스터즈）等女子團體出現說起。

金氏姐妹花由金淑子、金愛子姊妹和她們被收養的堂姊妹金民子組成（當時韓國人習慣以像日文的「某某子」為女孩取名）。她們出身一個七兄弟姊妹的音樂世家，父親為日本時代知名作曲家金海松，但在一九五〇年失蹤，一般認為是遭到了北韓綁架處決。據說由於生活困頓，她們的歌手母親在韓戰年間開始培養她們演唱英文歌曲。一九五三年，十三、四歲的金氏姐妹花開始在美軍軍營中表演，受歡迎的程度使她們五〇年代末移往美國發展，成了美國著名電視秀《蘇利文劇場》（*The Ed Sullivan Show*）出演次數最多的團體之一（共二十二次）。她們能歌善舞，英文帶有明顯的亞洲腔，三人都能演奏多種樂器，胞兄弟組成的「金氏兄弟」在她們演藝事業後期一度加入，不過並未達到同樣的火紅程度。同個時期，最具全球名氣的韓國歌手金惠子（與金氏姐妹花沒有親戚關係）也有著相似的演藝生涯：最初以在韓美軍為主要觀眾，後來進軍美國市場，登上拉斯維加斯、《強尼・卡森秀》（*The Johnny Carson Show*）乃至於卡內基音樂廳的舞臺。

南韓直到一九八〇年代中後期都處於威權統治之下，表演活動和文化創作受到政府的嚴格審查。雖說諸種條件使韓國未能產出自己的新本土音樂傳統（如搖滾樂之於美國），仍有創新的搖滾樂團伴隨七〇年代末至八〇年代末的學運浪潮在民間活動。最突出者首推一九九一年成軍的「徐太志和男孩們」（서태지와 아이들）。他們某程度上就像首爾版的「野獸男孩」（Beastie Boys，一九七九成立的紐約嘻哈樂團），以洞悉社會問題的歌詞、主打饒舌、搖滾、金屬的樂風及酷帥視覺形象橫掃全韓音樂排行榜和獎項。這個男子團體在西洋影響中加入朝鮮傳統歌謠元素與樂器，例如又稱細腰鼓的「長鼓」（장구），以及巫樂與鄉樂中常見的直式竹管「觱篥」（피리）。儘管五年後便告解散，他們已經使得韓國大眾熟悉一種揉雜多種影響的新樂風，製作人們也開始看見韓國流行音樂可能走出的一條具有國際市場潛力的獨特路線。事實上，徐太志樂團的一位成員梁玄錫日後創立了韓國最大的經紀公司之一「YG娛樂」，可以說直接將這個傳奇團體的成功經驗傳承給了「YG娛樂」旗下的PSY和BLACKPINK等未來韓流巨星。

K-pop的成功很大部分要歸功於韓國音樂製作人的敏銳，但就像韓劇和韓影，K-pop的全球流行也是南韓政府全力支持的結果。南韓政府的文化部門積極參與了K-pop的早期推廣，例如K-pop之所以能在法國掀起旋風，兩千年初期的駐法韓國文化院院長崔俊浩

（최준호，音譯）功不可沒。崔俊浩向韓國政府申請補助，並且接洽音樂製作人，最終說服另一家韓國大型經紀公司「ＳＭ娛樂」讓他們的人氣團體飛到歐洲演出。他同時談妥國際報章雜誌介紹、舉辦有報導價值的創意活動，例如在法國多個城市舉辦粉絲吶喊的快閃行動——其中一場就在羅浮宮金字塔前面，成功創造了國際頭條。二〇一一年四月，ＳＭ娛樂家族世界巡迴演唱會（參與團體包括少女時代、SHINee、Super Junior、f(x)、東方神起）巴黎場開賣的時候，門票十五分鐘就被搶購一空。

二〇二三年，韓國九人女子團體「Twice」在告示牌女性音樂大賞（Billboard Women in Music）中奪下「最具突破藝人獎」，不過當今最紅的韓流女子團體和男子團體可能分別是「BLACKPINK」和「防彈少年團」。BLACKPINK為二〇一六年出道的四人團體，對於韓國的重要性甚至使南韓前總統文在寅二〇二一年盛讚她們是韓國文化最重要的大使，並承諾繼續挹注資金

首爾守國寺的一幅繪畫局部（約一七九五年），神明們正在合奏傳統樂器，中間的就是長鼓。

栽培類似團體。她們二〇二二年被《時代》雜誌選為年度藝人並登上雜誌封面，二〇二三年由於倡導氣候意識獲英王查爾斯頒發大英帝國員佐勳章（MBE）——不少國際刊物將她們介紹為「當今世上最受歡迎的女子團體」。防彈少年團則由七個清秀男孩組成，有個方便國外粉絲記憶的簡稱「BTS」（Bang Tan Scouts，「防」、「彈」、「少年軍」的英文首字母）。他們同樣曾躍上《時代》雜誌封面，而且目前是韓國音樂史上獲獎最多的紀錄保持團體。二〇二一年度，根據韓國銀行估算，他們光是透過促進韓國旅遊和韓國文化產品消費（包括學韓語），就為南韓帶進了額外的五十億美元。BLACKPINK和BTS等世界天團造成的現象直接使一個英文新字誕生：「Koreaboo」（韓癡）。此字係指對韓語和韓文化熱衷成癡的外國粉絲——主要是為了更接近他們的韓國偶像。

朝鮮傳統樂器，左起：圓鼓（북）、伽倻琴（가야금）、長鼓、小鑼（꽹과리）。

韓語的「偶像」（아이돌，讀作「a-i-dol」）是日本時期傳入、借自英文的一個詞。從某個角度看，這個用詞格外貼切，因為英文宗教意義的「偶像崇拜」（idolatry）是指崇拜一個被打造出來的假神。韓流偶像也是被造出來的；他們是經紀公司斥資數百萬美元費心建構起來、在與藝人簽約期間（最長可達十三年）精心維護，從體重、膚質、個性到每天穿的衣服無一不嚴格控制，以鼓勵粉絲掏錢來與之建立單向關係（即媒體研究者所說的「擬社會互動」）的「女神」或「男神」。也許與朝鮮半島傳統上服從權威和犧牲忍耐的價值有關，韓國演藝界是一個極其殘酷的世界——藝人除了必須接受嚴苛訓練，還要遵守幾乎涵蓋所有方面的紀律規定，簡直像在軍隊裡一樣。韓國偶像出現身心狀況、因病休養、臺上累倒，甚至自尋短見的遺憾事件並不少。K-pop似乎是靠這些代價維持的一個神話。

韓式審美的迷思

對於韓流明星長相——或韓式審美（K-beauty）——的嚮往直接帶動了另一個世界現象：赴韓「醫美旅遊」的興起。首爾的富人區江南區（〈江南Style〉的主角）擁有數百家以整形醫美聞名的診所，而且全都聚集在被稱為「整形一條街」的兩公里路上。一份統計顯示，截至二〇二一年，醫美旅遊已為南韓增加超過三百萬旅遊人次，儼然成了韓國經濟的一大推手，也使南韓文化體育觀光部開始加入監督。該機關曾警告外國遊客注意「幽靈醫生」的現象，指的是不肖業者雇用無照醫生違法執刀，顧客諮詢時看見的是合格醫師，但被麻醉後執刀者就偷偷換成了另一人。儘管已被證實存在這類亂象，韓國醫美產業依然蒸蒸日上，隨著韓流襲擊世界各地而有愈來愈多外國消費者上門。媒體爆出的兩件主要醜聞（以下將詳述）甚至使醫美旅遊更興盛。這些事件強化了一種迷思：去韓國整形可以讓任何人看起來像演唱會或電視劇裡的韓流明星一樣，而不是暴露在醫療事故的風險下。

二〇一二年的韓國小姐選拔結束後，有人爆料冠軍得主金宥美曾經整形過，她過去的照片甚至被惡意流出，能明顯看出五官與目前不同。此事一時引起熱議，一派意見認為她動過刀還來選美就是作弊（雖然大家都知道整形過的參加者眾多）。金宥美承認她確實接受過整容手術，但聲稱她並未欺騙大眾，因為她一次都沒說過自己的美麗是「天生的」，而且她相信內在美對於獲獎也很重要。韓國人對這件事的看法非常分歧，某些討論呼應了當前全球對於女性美貌迷思及其造成的嚴重壓力的討論——南韓似乎為最極端的案例之一——，然而並沒有使風波平息。

十年後，韓國小姐選拔再次傳出被全球媒體報導的醜聞，這次鬧出問題的是彷彿「一

韓國一九一五至一九三〇年最熱賣的化妝品叫「朴家粉」，為朴承稷商店（斗山集團前身）推出的韓國史上第一款量產美容商品。因為太熱銷了，坊間開始出現仿冒品，此為「村家粉」外盒。

個模子刻出來的」最終入圍名單。評論和粉絲皆指出所有最終入圍者都長得太像了，顯然為了追求類似的面貌而全數接受過整容。有些評論認為最終得勝者與其他角逐者根本難以區分。就像十年前，新任韓國小姐的「整形前」照片又被擅自公開在網路上。對南韓而言，二〇二二年的騷動演變成了某種國家醜事，但矛盾的是，它卻成了醫美產業求之不得的廣告。新冠疫情的旅遊禁令結束後，大批外國遊客飛向南韓去做醫美整形。

這兩次事件也展現了韓國儒家文化與西方媒體文化交錯之下，對韓國女性產生的深刻影響。如同《沈清傳》和《春香傳》等經典文學及其他無數民間故事呈現的，傳統朝鮮儒家要求女性既美麗又聽話。推波助瀾的另一股力量為對面相學的信仰，過去在朝鮮半島，人們相信某些面相特徵代表寬厚、剛正、靈敏、忠實等等。當這些標準與透過西方流行文化傳來的審美標準相混合，產生出的可能是不自然到有點恐

怖的人工臉龐。事實上，韓國人真的把理想膚質叫作「水煮蛋肌」（수란）——令人想到韓國怪談裡一張臉光滑到連五官都沒了的蛋臉女鬼。

韓國無論男性女性都承受著一種壓力，想要被賞識或看見，就必須先讓自己擁有迷人的外表。以外表評斷一個人的偏見在韓國稱為「外貌至上主義」（외모지상주의），由於二〇一四年的一部同名漫畫（臺譯：《看臉時代》）而成為流行語。醫美整形的興起事實上加劇了底層或邊緣族群被霸凌、侵犯隱私甚至騷擾加害的現象，而對於在南韓社會中本就處於弱勢的女性來說，影響恐怕比男性更為嚴重。近年來，家境較好的女孩開始流行替自己預約醫美手術作為高中（甚至國中）畢業禮物。為了下一代的長相，婚前雇用徵信社調查婚約對象的「本來面貌」也變成常見作法。在韓國國內，媒體、美妝公司和尤其連續劇的影響力深入到了所有族群中，不只女性和年輕族群，如今部分中年男性也開始購買美妝商品以及接受化學煥膚、整形手術等「治療」。

韓流吹進文學界

歐美開始談論文學中的韓流現象大約始自二〇一一年，那年申京淑（一九六三～）的

《請照顧我媽媽》（엄마를 부탁해）英譯本大賣，闖進了《紐約時報》暢銷書榜。這部二〇〇九年發表、創下韓國最快銷售破百萬紀錄並首度把曼氏亞洲文學獎（Man Asian Literary Prize）抱回南韓的小說，在扣人心弦的故事中描述了迫切的當代議題，包括傳統大家庭的瓦解，以及長者的寂寞與乏人關心。韓國新聞裡不時就會看到長輩失智、被家人拋棄的故事。而這本小說講述一對已成年的兄妹邀請久未見面的父母到首爾，母親卻在地鐵站與父親走散，再也沒有回來。小說以不同家族成員的視角檢視這場悲劇，很容易引起韓國讀者或所有面對相似社會問題的世界讀者共鳴。美國書商特別選在母親節發行這本書，雖有其行銷考量，但也對美國讀者強調了這些核心主題。

《紐約客》也刮韓風

即將滿百歲的雜誌《紐約客》（*The New Yorker*）一向被視為美國重要的文學發表和評論殿堂，其嚴謹的選稿目光不僅形塑了美國文化，也曾經發掘村上春樹等非以英語創作的世界知名作家。二〇〇六年，《紐約客》上頭一次出現了韓國文學作品：四首高銀的詩。高銀（一九三三～）是位爭議纏身的作家，他曾為出家的佛教徒，在全斗煥政變時參與抗爭運動而坐牢兩年，曾被國際媒體視為最有希望奪得諾貝爾獎的韓國作家，直到他在#MeToo運動中被指控及證實過去長期利用文學聲譽侵害女性。

自那以來，《紐約客》又陸續刊登了四篇韓國小說選譯或節譯：二〇一一年介紹的〈無名島〉（익명의 섬）為李文烈（一九四八～）的作品，藉由一座小島上被排除在社會秩序之外、與所有女人偷情的傻子控訴父權道德的虛假；二〇一七年刊登的〈植物愛好者〉（식물 애호）是片惠英（一九七二～）長篇驚悚小說《洞》（홀）的原型，環繞一個在車禍中喪妻癱瘓的大學教授，和照顧著他的似乎別有居心的岳母；二〇二三年刊登的〈中間語態〉（The Middle Voice）摘自韓江的《希臘語時間》（희랍어 시간）——一部探索語言、性別與身分的中篇小說；同樣二〇二三年刊載的〈落雪的日子〉（눈 오는 날）則是一手拍片一手寫作的李滄東（一九五四～）三十幾歲時發表的短篇故事，講述一個首爾來的年輕女孩到軍營尋找大學畢業後入伍的「金一等兵」，卻從哨兵模糊的回答中拼湊出了悲劇的答案。

五年後的二〇一六年，韓江（一九七〇～）的《素食者》（채식주의자，二〇〇九

年，英譯本二〇一五年於英國上市，美國晚一年）成為第一部獲得國際曼布克獎（Man Booker International Prize）的亞洲作品，並被《時代》雜誌選入年中推薦書單。《素食者》同樣採取多視角手法探討晦暗主題，內容觸及儒家社會對女性身分的抹殺，以及韓國文化如何習慣對女性暴力相向。這部小說同樣在世界讀者間引起了廣大迴響，截至二〇二四年初已被翻譯成二十三種語言。[6]

潘迪：北韓的隱藏之聲

潘迪（반디）之筆名是韓語「螢火蟲」（반딧불이）的略稱，他是目前外界所知唯一生活在北韓的異議作家。使用筆名是因為身分暴露可能使他被逮捕處決，家人也可能連帶被關進集中營內。是故，以下對於他的《紅色歲月》（*The Red Years*）之介紹也不會提到太多作者生平細節。該書手稿由「北韓被綁架者及流亡者人權聯盟」（피랍탈북인권연대，英文簡稱「CHNK」）代表都熙潤（도희윤）協助在海外出版。

潘迪一九五〇年出生於北韓，是「朝鮮作家同盟」中央委員會的成員，意即他屬於北韓官方認可的菁英文人，替政府書寫政治宣傳。他發表在北韓雜誌上的作品大部分刊登於七〇年代。他的政治立場在目睹使全國陷入苦難、奪走他許多親朋好友的九〇年代「苦難的行軍」後驟然轉變。都熙潤描述：「那段時期的經歷使他決心要與外界分享他自己所見的、嚴酷北韓社會的一種真實樣貌。」儘管曾經有過機會，但他並未選擇逃出北韓，因為擔心自己走了家人會受到迫害。他選擇在鐵幕下用詩與文記錄北韓人的日常生活，並交給人權工作者經中國偷帶出來。

二〇一七年，集結潘迪七篇短篇故事的《控訴》（*The Accusation*）出版了英譯本，國際反應熱烈。二〇一九年，詩集《紅色歲月》也接著出版。我們並不確定潘迪是一位作家或一群作家共同使用的筆名。但潘迪（반디）二字的多重象徵意義證實了作者的文采和對於政治宣傳中文字力量的熟悉。表面上這個詞是指螢火蟲，但往更深層挖掘，我們能發現「반」有「半」的意思，令人聯想到「半島」（반도）——朝鮮半島——或同音的「半途」，即半途而廢或仍須努力的意思。潘迪也與「反對」（반대）諧音，帶有明顯的政治意義，甚至讓人想到副詞「必然、一定」（반드시）。喚起饑荒主題聯想的「飯」同樣也讀作「반」。

固然詩人精於織造繁複的意義，但這些複雜的層次也可能暗示筆名「潘迪」的選擇是一群人對話的結果。我們也能從中一窺潘迪詩作和小說中濃密的暗喻與隱意，在這位或這

6 譯注：本書出版後的二〇二四年十月，瑞典學院宣布將諾貝爾文學獎頒發給韓江。

些作者的精巧安插之下，用來揭發訓練他們對文字如此敏銳的那個政府。

潘迪最明白批判的詩作之一題為〈紅色人民之歌〉：

偉大領袖、偉大領袖，
你是天空，我們不過是小蟲。
用你憤怒的閃電劈向我們罷！
但請告訴我們、告訴我們你是愛我們的。
只要你聆聽這個卑微的心願，
我們想也不會想到反咬的念頭。

偉大領袖、偉大領袖，
你是鞭子，我們是馬和牛，
你可以隨心所欲騎我們、抽我們，
但求你別教我們挨餓受凍。
只要你聆聽這個卑微的懇求，

我們想也不會想到頂撞的念頭。

偉大領袖、偉大領袖，
你是鏈條，我們是奴隸。
儘管綁住我們、束縛我們！
只求你別堵住我們的耳朵、眼睛和嘴巴，
只要你聆聽這個卑微的渴望，
我們想也不會想到背叛的念頭。

沒有人知道潘迪生活在哪裡。他的作品在北韓遭禁。在北韓持有他的著作甚至可能被判死刑。

〈阿里郎〉：朝鮮半島的真正國歌

傳統民歌〈阿里郎〉（아리랑）深深鑲嵌在韓民族或朝鮮民族的集體心靈裡。這首歌

在整個半島上有三千六百多種變化版，隨著更多版本被貼上網路，數字仍在不斷增加中。每個地區甚至村落都有自己版本的〈阿里郎〉，在集結同歡或同悲的場合上演唱。南韓國歌其實是〈愛國歌〉（애국가），曾以蘇格蘭民謠〈友誼萬歲〉（Auld Lang Syne）為旋律，後來由南韓作曲家重新寫曲。北韓國歌也叫〈愛國歌〉，但為了與南韓區分，通常又稱〈朝日鮮明〉（아침은 빛나라），詞曲讓人想起前東德國歌〈從廢墟中崛起〉（Auferstanden aus Ruinen）。不過，兩韓都有許多人認為〈阿里郎〉才是韓民族或朝鮮民族的真正代表歌曲。〈阿里郎〉已經兩度被列入聯合國非物質文化遺產，一次是南韓的〈阿里郎〉、另一次是北韓的〈阿里郎〉。

「阿里郎」的意思是什麼有很多說法，曲子源頭始終是個謎。較可信的研究認為這首歌最早見於一七五六年的文獻中。韓國散文家尹五榮推測，「阿里郎」是由古韓語的「長」（아리）與「嶺」（령）組成，指「長山」；又由於過去「長水」可用來泛稱某地最大的河流，「長山」很可能也是泛指高山大嶺。這種看法和〈阿里郎〉一個常見版本的歌詞不謀而合：

阿里郎，阿里郎，阿啦里喲……

阿里郎，路長長，你翻山越嶺。
捨我而去的人兒呀，
只怕不出十里你就要害病。

敘事者提醒丟下自己的人：走不久你便會害病了！（也許是相思病？）歌詞中此處用的是「발병」，直譯為「發病」或「腳病」。「捨」（버리고）令我們聯想到「被捨棄的孩子」鉢里公主（見頁六四）——她的名字「鉢里」（바리／bali）與「腳」（발／bal）諧音，而且她從遙遠山嶺的另一頭為心愛的人帶來解藥。雖然歌詞暗示分離的可能，但這是一首人們團聚時經常一起唱的歌。

日本殖民時代，〈阿里郎〉成為代表韓民族意識的一首反抗之曲，人們在一九一九年的「三一運動」中合唱它。韓戰結束後，一九四五年以來在日韓擔任占領軍並投入韓戰的美國陸軍「第七步兵師」（7th Infantry Division）將之正式採納為隊歌。上引的〈阿里郎〉歌詞為一九二六年羅雲奎執導、現已佚失的同名電影所使用的〈新阿里郎〉（신아리랑，後來主要流傳於京畿道，故又稱〈京畿阿里郎〉）。該片講述一個日本時代受盡壓迫的青年的故事，最後呈現村民唱著〈阿里郎〉目送青年被日本警察押走——據說每次放映到最

後，熱淚盈眶的觀眾都會一起加入大合唱。二〇〇二年，韓國導演首度在坎城獲獎，獲獎的林權澤致詞時朗讀了〈阿里郎〉的歌詞。十年後，金基德在威尼斯影展接下金獅獎的時候，突然唱起〈阿里郎〉，讓臺下觀眾吃了一驚（雖然他說他要唱「國歌」來代替致詞）。他解釋：「韓國人傷心時會唱歌、孤單時會唱歌、絕望時會唱歌，但快樂的時候也唱歌。」

兩韓統一：意識形態、夢想或神話？

甚至在南北還未正式分家前，韓半島上的人們就期盼和計畫著整座半島的統一。南方與北方都生活在戰爭的悲劇遺緒中，戰火蹂躪了這座半島，留下一道名為DMZ的傷疤，持續提醒著人們分裂的現狀和衝突的可能。自從一九五三年簽署停戰協定以來，南韓與北韓都曾將「兩韓統一」當作一種意識形態和政治工具利用。舉例來說，北韓的主體思想暗示整個朝鮮民族為不可分割的整體，自給自足且完整單一。南韓的口號「自由統一」（자유 통일）也出現在明顯的旗幟上，裝飾著所有進入或離開非武裝區域的道路。

對於親身經歷過韓戰的一代而言，統一是非常真實的一個夢想。因為根據統計，那三年間被拆散的朝鮮家庭達到一千萬戶之多。有些人與家人永遠被分隔在DMZ兩頭，另一些人的家人在戰爭中失去了下落。一九八三年，韓國放送公社ＫＢＳ的電視臺企畫了現場直播節目「尋找離散家族」，嘗試促成一場尋回戰火中失蹤親屬的全國性行動。數以千計的哭泣群眾拿著自製紙卡聚集到電視臺前面，紙卡上寫著他們三十年來甚至不知道是死是活的至親姓名與特徵。節目於六月三十日——韓戰爆發三十周年的五天後——開始直播，原本預計持續九十分鐘，沒想到一天接一天持續下去，一直到半年後的十一月十四日、累積播出四百五十三小時後才結束。超過五萬人出現在電視上，超過一萬個家庭因而團圓。節目超乎想像的效應讓人們重新燃起希望，相信也許今生還能見到離散在ＤＭＺ另一邊的家人。北韓起初對此提議並不熱中。但在一九八五年雙方紅十字會商議後，兩韓終於達成共識，各允許五十人到ＤＭＺ另一邊與親屬短暫重聚。這項活動後來又零星實施過幾次，特別用於兩韓關係緊張的時期。

然而近年來，愈來愈多朝鮮半島人——尤其南韓人——對兩韓統一的想法不感興趣，甚至反對統一。一個好例子是李文烈一九九四年的中篇小說《與弟弟會面》（아우와의 만남）。這個與作家成長背景相關的哀切故事敘述一位南韓教授託人安排，在中國延吉見到了他的異母弟弟。教授一直想見的人其實是他的父親。父親在韓戰初年拋下他們，叛逃去了北韓。多年後終於探聽到父親的消息時，他的父親早已過世，他只能見到弟弟，即父親

的新家庭中年紀最大的孩子。小說中的角色們導出看待統一的各種態度，而統一本身在李文烈的檢視下像一項複雜、漫長、甚至對兩方都可能帶來沉重傷害的任務。一方面，它可能為南方創造背不起的經濟重擔；另一方面，它也可能使得開發程度較低、礦產資源較多的北方被南方剝削。就連斷絕流通的七十年間愈來愈分歧的文化及語言，也可能使一個統一的韓國或朝鮮出現嚴重社會問題。

朝鮮半島如果真的統一，還可能動搖全球大國之間的勢力平衡。試想一個統一、民主的朝鮮半島若在支持北韓路線的政黨影響下決定從親美轉向親中，美國在太平洋的防禦聯盟會出現如何的缺口？這類問題讓統一夢的討論近年來逐漸失去熱度，在年輕人之間尤其顯著。年輕人對韓戰的傷痛沒有直接記憶，而且對他們而言，新時代有更迫切的問題要關心：氣候變遷、少子化、AI可能帶來的失業潮、益發嚴重的核戰威脅。統一也許永遠會是個夢，但已不再是過去那個人們渴望實現的夢。或許它會加入神話的行列，繼續為韓民族和韓文化指示方向。

朝鮮半島歷史簡表

古朝鮮　約西元前2333年~西元前108年

古朝鮮是朝鮮半島上的第一個國家。它的起源及最大範圍都是透過傳說故事推測出來，目前尚未發現真正確鑿的考古證據。然而中國史書也顯示這個古國應該真實存在過：西元前一〇八年，漢武帝征服古朝鮮，將古朝鮮舊地分為四個郡，納入漢朝管轄下，史稱「漢四郡」（한사군）。

三國　約西元前一世紀~西元七世紀

高句麗（取「高山麗水」之意）征服漢四郡後，朝鮮三國時代正式揭幕。此時北方的高句麗、西南的百濟（取「百姓濟海樂從」之意）、東南的新羅（「新國」或「東國」）呈現三足鼎立之勢。這三個王國的領地除了涵蓋整個朝鮮半島，也包括今日中國東北約略一半的土地。

統一新羅　七世紀～十世紀

新羅王國統一朝鮮半島後的時代被稱為「統一新羅」。這段時期與中國唐朝大約同時，被認為是藝術與文化的「黃金年代」。新羅時期佛教極其蓬勃，許多古寺廟皆興建於此時。

高麗　918年～1392年

統一新羅瓦解後，重新統一朝鮮半島的是高麗王朝。

1231年～1259年　蒙古入侵高麗。

1270年～1356年　蒙古帝國（中國元朝）干涉高麗內政。最後，瀕臨滅亡的元朝軍隊被高麗軍隊逐出了朝鮮半島。

1392年　高麗王朝被朝鮮王朝太祖李成桂推翻。

朝鮮 1392年~1910年

朝鮮王朝統治半島長達五個世紀以上。

1443年　世宗大王發明韓語文字。

1592年~1598年　日本入侵朝鮮半島（朝鮮史稱「壬辰倭亂」）。

1627年~1637年　滿洲人攻打中國明朝和朝鮮半島（朝鮮史稱「丙子胡亂」），建立清朝。朝鮮從明朝藩屬國變成清朝藩屬國，國力約於此時由盛轉衰。

十九世紀後半　西方列強叩關，朝鮮王朝嘗試現代化。

十九世紀末期　日本、中國、俄羅斯三個帝國開始爭奪朝鮮。

1910年　日本吞併朝鮮，於朝鮮半島展開殖民統治。

二戰後及南北分裂

1945年　二戰結束，朝鮮半島脫離日本殖民統治。韓國人稱此為「光復」（광복）。

1945年～1948年　戰後的朝鮮半島被沿著北緯三十八度線一分為二，北方由蘇聯占領，南方由美國占領。

1948年　大韓民國（南韓）與朝鮮民主主義人民共和國（北韓）先後於美占區及蘇占區建立。

1950年～1953年　韓戰爆發，戰火席捲整個半島。這場戰事在簽署停戰協定後終止，至今技術上仍只是「停戰狀態」。南北韓依然沿著三十八度線分裂對峙。

冷戰與現代

冷戰時代，南北韓都經歷了快速的經濟成長以及現代化。從韓戰後一直到七〇年代南韓工業起飛前，北韓的平均生活水準都高於南韓。

1979年　南韓總統朴正熙遇刺身亡，開啟了最終將使南韓終結軍事獨裁的的混亂十年。

1980年　光州事件中，全斗煥派出南韓軍隊鎮壓及殺戮市民。此事改變

	了南韓人看待美國人的態度，過去被認為是民主自由之友的美國開始被視為獨裁者的幫兇。
1988年	南韓在長久的期待和準備後作為東道主迎接夏季奧運盛會，此為南韓國際地位的轉捩點。
1991年	兩韓同時加入聯合國。
1994年	北韓領導人金日成逝世，被封為「永遠的領袖」。
1994年～1998年	北韓發生嚴重饑荒「苦難的行軍」，主要原因與蘇聯解體後失去外來援助，導致經濟崩潰有關。餓死及病死者恐達數百萬。
2000年	南韓總統金大中獲諾貝爾和平獎。
2006年迄今	北韓核武等問題使兩韓關係再度開始緊繃。
2017年	南韓第十一位總統朴槿惠（朴正熙之女）彈劾案通過。朴槿惠成為大韓民國首任被彈劾下臺的總統，因貪污等罪被判刑二十年，不過接著上任的文在寅總統於二〇二一年特赦了前領導人。

鳴謝

首先要向協助我學習韓語，讓我有能力寫作本書的許多人致上最深的謝意：瓦薩學院（Vassar College）韓語課的老師Claire Jungran Kang，以及我的良師益友們Sulgi Koo、Jungbin Yoon、Eunkyo Cho、Lily Kim、Geesu Lee、Scarlet Choi以及David Lee。我也想感謝瓦薩學院Frances Lehman Loeb藝術中心的Margaret Vetare、Elizabeth Nogrady、Patricia Phagan、Mary-Kay Lombino、Francine Brown及其他職員創造了一個讓我那些年間能夠近距離、在無數熱心指引中發現古今藝術的環境。感謝讓我擁有寫作本書所需基礎技能的藝術史教授：Brian Lukacher、Susan Donahue Kuretsky，以及慷慨與學生們分享亞洲藝術收藏的Jin Xu。也特別謝謝Ron Patkus、Marc Epstein、Peter Antelyes、Michael Joyce、Farida Tcherkassova、David Means等六位教授。一如以往，我要感謝伴侶Lukas Roselle多年來的支持，以及願意在我的這趟旅程中扮演最棒的頭號讀者和啦啦隊長。

貝拉・明月・道頓－芬克爾（Bella Myŏng-Wŏl Dalton-Fenkl）

這一路上要感謝的人可真多：Walter Fairservis帶我走進了民間故事研究的正式殿堂；Frederick Carriere慷慨支持我並贈予我數冊較不為人知的韓國民間故事集；Peter H. Lee親切推薦我翻譯《九雲夢》並給予我參與《Korean Studies Series》月刊《Oral Literature of Korea》專號編譯工作的機會；「霧山」曹五鉉指引我看見語言如何在他詩中匯流；Kwon Youngmin持續鼓勵及支持我研究佛禪文學；Lee Young-Jun慨然邀請我擔任《AZALEA》北韓特別號的客座編輯；《Korean Quarterly》的Stephen Wunrow與Martha Vickery願意嘗試讓北韓漫畫首度與英語讀者見面；《Words Without Borders》編輯群這些年來多次惠予我分享北韓漫畫翻譯的機會。我也必須感謝MMQ文學經紀公司的Rob McQuilkin、Max Moorhead和Ellie Roppolo三位美好的支持與協助。最後當然要提到Anne：若不是你幫忙這些故事與分析找到活力和邏輯，我不知道要怎麼對得起「故事靈」！

海因茨・仁水・芬克爾（Heinz Insu Fenkl）

我們父女都想誠摯感謝Thames & Hudson出版社的Ben Hayes、India Jackson、Jen Moore、Yasmin Garcha以及Celia Falconer讓我們有機會寫作這本書，不僅在過程中提供最專業的協助，也總是給我們暢所欲言的自由。

參考書目

Armstrong, B.J. 'The United States and Korea: Rediscovering Artifacts of the Naval Past', *War on the Rocks*, 17 January 2018.

Adams, Tim. 'K-Everything: The rise and rise of Korean Culture', *The Guardian*, 4 September 2020.

Bandi (translated by Heinz Insu Fenkl). *The Red Years: Forbidden Poems from Inside North Korea*. London: Zed Books, 2019.

Berg, Sebastian. *Korean Mythology: Folklore and Legends from the Korean Peninsula*. Creek Ridge Publishing, 2022.

Brother Anthony of Taizé (ed.). *Eerie Tales from Old Korea*. Seoul: Seoul Selection, 2013.

Cain, Geoffrey. 'Soap Opera Diplomacy: North Koreans Crave Banned Videos', *Time*, 29 October 2009.

Cawley, Kevin N. (edited by Edward N. Zalta). 'Korean Confucianism', *The Stanford Encyclopedia of Philosophy*, Winter 2021.

Cha, Victor. *The Impossible State: North Korea, Past and Future*. New York: HarperCollins, 2012.

Chae Kyeong-weon (script) & Bae In-Yeong (art) (translated by Bella Dalton-Fenkl). 'The Sea Girl & the Prince', *Words Without Borders*, 2016.

Cho Hak-rae (script) & Pak Chang-yun (art) (translated by Heinz Insu Fenkl). 'How Kim Seon-dal Sold the Water of the Daedong River', *Asia Literary Review*, vol. 23, Spring 2012.

Cho Hak-rae (script) & Ri Chŏl-gun (art) (translated by Heinz Insu Fenkl and Geesu Lee). 'Blizzard in the Jungle', *Words Without Borders*, 2009.

Cho Pyong-won (translated by Heinz Insu Fenkl). 'Great General Mighty Wing (excerpt)', *AZALEA: Journal of Korean Literature & Culture*, vol. 2, Fall 2008.

Choi, In-hak. *A Type Index of Korean Folktales*. Seoul: Myong Ji University Publishing, 1978.

Choi Won-oh『창세신화 나타난 신화적 사 유의 재현과 변주－창세,홍수, 문화의 신 화적연관성을 통해』*Reproduction and Variation of Mythical Thinking in the Creation Myth: Through the Mythical Connection of Creation,*

Flood, and Culture. Korean Language Education Association, vol. 111, 2003.
Chung Myung-sub et. al. (eds). *Encyclopedia of Korean Folk Literature. Encyclopedia of Korean Folklore and Traditional Culture Vol. III.* Seoul: National Folk Museum of Korea, 2014.
Deuchler, Martina. *The Confucian Transformation of Korea: A Study of Society and Ideology.* Cambridge and London: Harvard University Press, 1992.
Fenkl, Heinz Insu. 'The Blindman's Daughter: Shimch'ong and Other Virtuous Women', *Realms of Fantasy*, February 1999.
——.'Dangerous Women: Fox Demons to Lilith', *Realms of Fantasy*, April 1999.
——.*Korean Folktales*. Poughkeepsie, NY: Bo-Leaf Books, 2010.
——.'Tyll Eulenspiegel & Kim Sondal', *Realms of Fantasy*, Summer 2007.
——.'Reflections on Shamanism and Synthesis', in *New Spiritual Homes: Religion and Asian Americans*, edited by David K. Yoo. University of Hawaii Press, 1999.
——.'Virtuous Bees: The Culture of North Korean Comics', *Korean Quarterly*, Winter 2010.
Grayson, James Huntley. *Myths and Legends from Korea: An Annotated Compendium of Ancient and Modern Materials*. London and New York: Routledge, 2001.
Griffis, William Elliot. *Korean Fairy Tales*. New York: Thomas Y. Crowell Company, 1922.
Ha Tae Hung. *Folk Tales of Old Korea*. Korean Cultural Series, vol. VI. Seoul: Yonsei University Press, 1958.
Hallyu: From K-Pop to K-Culture『한류 K-Pop에서 K-Culture로』. Seoul: The Ministry of Culture, Sport, and Tourism and the Korean Culture and Information Service, 2012.
Heo Jeong-sik『한국의 창조신화 연구, 창세 가와 천지왕본풀이를 중심으로』'A Study of Korea's Creation Myths, Focusing on Genesis and Kings of Heaven and Earth', Woosuk University master's thesis, 1997.
Hong, Euny. *The Birth of Korean Cool: How One Nation is Conquering the World Through Pop Culture.* New York: Picador, 2014.
Hong, Man-jong (translated by Dal-Yong Kim). *Miracles in Korea*. American University Studies Series VII, Theology and Religion, vol. 306. Peter Lang, 2011.
Hyun Yongjun『제주도무속자료사전』*Jeju Island Shamanism Data Dictionary*. Shingu Munhwasa, 1980.
Ilyon (edited and translated by Ha Tae-Hung). *Samguk Yusa: Legends & History of the Three Kingdoms of Ancient Korea*. Seoul: Yonsei University Press, 2006.
Im Bang & Yi Ryuk (translated by James S. Gale). *Korean Folk Tales: Imps, Ghosts, and Fairies*. Tokyo: Charles E. Tuttle Co., 1962.
International Cultural Foundation. *Korean Folk Tales.* Korean Culture Series 7.

Seoul: Si-sa-yong-o-sa Publishers, Inc., 1982.
Kendall, Laurel. *Shamans, Nostalgias, and the IMF: South Korean Popular Religion in Motion.* Honolulu: University of Hawai'i Press, 2009.
——. *Shamans, Housewives, and Other Restless Spirits: Women in Korean Ritual Life.* Honolulu: University of Hawai'i Press, 1987.
Kim, Anselm K. (ed.). *Korean Religions in Relation: Buddhism, Confucianism, Christianity.* Albany, NY: State University of New York Press, 2016.
Kim Heon-sun『한국과 유구의 창세신화 비교 연구－미륵과 석가의 대결 신화소를 중심으로』*Comparative Study of Korea and Yugu's Creation Myths: Focusing on the Myth of the Confrontation between Maitreya and Buddha.* Korean Classical Society, 2002.
Kim, Joshua. 'What superstitions and urban myths exist in North Korea?', *Ask a North Korean, NK News*, 4 July 2022.
Kim Man-jung (translation and introduction by Heinz Insu Fenkl). *The Nine Cloud Dream*. Penguin Classics, 2019.
Kim So-un (translated by Higashi Setsu). *The Story Bag: A Collection of Korean Folktales*. Tokyo: Charles E. Tuttle Co.,1955.
Kim Yŏng-sam (script), Ha Chŏng-a (art) (translated by Heinz Insu Fenkl). 'The Crystal Key', *Korean Quarterly*,2006–2008.
Kim Young-il『한국무속과 신화의 연구』*Research on Korean Shamanism and Mythology*. Sejong Publishing House, 2005.
Kim Youngmin & Michael J. Pettid (eds). *Women and Confucianism in Chosŏn Korea: New Perspectives.* Albany, NY: State University of New York Press, 2011.
Koehler, Robert. *Religion in Korea: Harmony and Coexistence*. Korea Essentials 10. Seoul: Seoul Selection, 2010.
Koh Byung-joon. 'N. Korea's myth-making approach shows signs of change under young leader: experts', *Yonhap New Agency, All News*, 11 March 2019.
Lee, Jean H. 'Parsing the propaganda: What to make of Kim Jong Un on a white horse', *The Wilson Center Asia Dispatches*, 29 October 2019.
Lee Jiyoung『한국의 신화 이야기』*The Story of Korean Myths*. Sagunja, 2003.
——.『창세시조신화의 전승변이에 관한 연구』*On Transition and Variation of the Myth of the Founder of the Creation.* Research on Korean Language and Literature, Gwanak Language and Literature Research, 1993.
Lee Kyungduk『창세기와 천지왕본풀이』*Genesis and the Origin of the King of Heaven and Earth*. 21st Century Books, 2013.
Lee, Peter H. (ed.) (compiled by Seo Daeseok). *Myths of Korea*. Korean Studies Series 4. Seoul: Jimoondang, 2000.
——. (ed.) (compiled by Seo Daeseok). *Oral Literature of Korea*. Korean Studies Series 31. Seoul: Jimoondang, 2005. Lim Seok-jae『관북지방무가(추가)』*Gwanbuk Local Shaman Song* (Addendum). Cultural Heritage Administration,

1966.
Martin, Bradley K. *Under the Loving Care of the Fatherly Leader: North Korea and the Kim Dynasty*. Thomas Dunne Books, 2004.
Martin, David L., Commander USN & Nastri, Anthony D., Major USMC. 'The Foot of a Duck', *Proceedings*, vol. 103/4/890, April 1977. *US Naval Institute*. Mason, David A. *David A. Mason's San-shin Website*. 2023.
McNeill, David. 'How myths and lies created a nation in thrall to its leader', *The Independent*, 20 December 2011.
Min, Anselm K. (ed.). *Korean Religions in Relation: Buddhism, Confucianism, Christianity*. Albany, NY: SUNY Press, 2016.
Mok Yong Jae & Eugene Whong (translated by Leejin Jun). 'North Korean Founder Kim Il Sung Did Not Have the Ability to Teleport, State Media Admits', *Radio Free Asia*, 22 May 2020.
Musan Cho Oh-hyun (translated by Heinz Insu Fenkl, illustrated by Bella Dalton-Fenkl). 'The Otter and the Hunter', *SIJO: an international journal of poetry and song*, Fall 2019.
Musan Cho Oh-hyun (translated by Heinz Insu Fenkl). *Tales from the Temple.* New Paltz, NY: Codhill Press, 2019.
Ŏm Chŏng-hui (script), Ko Im-hong (art) (translated by Heinz Insu Fenkl and Jungbin Yoon). 'The Secret of Frequency A', *Words Without Borders*, 2011.
Onishi Norimitsu. 'What's Korean for "Real Man"? Ask a Japanese Woman', *The New York Times*, 12 December 2004.
Park, Jongsung. 'Song of the Creation of the Universe', *Encyclopedia of Korean Folk Culture*. National Folk Museum of Korea, 2019.
Park Yong-gun (ed.). *Traditional Tales of Old Korea* (5 vols). Seoul: Hanguk Munhwa Publishing Co., 1975.
Pihl, Marshall R. *The Korean Singer of Tales*. Boston: Harvard University Press, 1994.
Riordan, James. *Korean Folk-tales*. Oxford Myths & Legends Series. New York: Oxford University Press, 1994.
Russell, Mark. *Pop Goes Korea*. Berkeley: Stone Bridge Press, 2009.
Ryang, Sonia. *Reading North Korea: An Ethnological Inquiry*. Harvard East Asian Monographs 341. Cambridge, MA: Harvard University Press, 2012.
Seo Dae-seok『한국 신화의 연구』*Research on Korean Mythology*. Jimoondang, 2001.
Yi Mun-yol (translated by Heinz Insu Fenkl and Yoosup Chang). *Meeting with My Brother*. New York: Columbia University Press, 2017.
Zong, In-sob. *Folk Tales from Korea*. London: Routledge & Kegan Paul, 1952.

圖片出處

Roland and Sabrina Michaud/akg-images **220**; The Protected Art Archive/Alamy Stock Photo **12**; CPA Media Pte Ltd/Alamy Stock Photo **25上**; Christian Kober 1/Alamy Stock Photo **39**; Album/Alamy Stock Photo **47**; The History Collection/ Alamy Stock Photo **60**; Godong/Alamy Stock Photo **82**; Hakbong Kwon/Alamy Stock Photo **92下**; JIPEN/Alamy Stock Photo **120左**; David Parker/Alamy Stock Photo **176**; Collection Christophel © Myung film/Alamy Stock Photo **224**; World History Archive/Alamy Stock Photo **229**; Courtesy the authors **64**, **90**, **178**, **194**; © Korean Broadcasting System (KBS); Courtesy the authors **115下**; Brooklyn Museum of Art **75**; Ewha Womans University **99**; Anthony Wallace/ AFP/Getty Images **182**; Eric Lafforgue/Art In All Of Us/Corbis via Getty Images **167**; Wolfgang Kaehler/LightRocket/ Getty Images **135**; National Diet Library, Japan **142左**; Academy of Korean Studies, Jiyoung Kim **110左**; Cultural Heritage Administration, Korea **49**, **80**, **193**; Courtesy Korean Film Archive **173**; Kansong Art Museum, Korea **18**; Digital Image Museum Associates/LACMA/Art Resource NY/Scala, Florence **27**; Mary Evans/Grenville Collins Postcard Collection **139**; National Folk Museum of Korea **33–34**, **39**, **55**, **87**, **115上**, **130**, **136**, **140**, **144**, **232**; National Museum of Korea **25下**, **35**, **58上**, **88**, **91**, **110右**, **117**, **122**, **125**, **122**, **133**, **150**, **188**, **211**; Metropolitan Museum of Art, New York **4上**, **34**, **57**; Philadelphia Museum of Art **131**, **132**; Curioso.Photography/Shutterstock **142右**; Jeonghyeon Noh/Shutterstock **50**; magr80/Shutterstock **103上**; Tawin Mukdharakosa/Shutterstock **15**; yeouudu/Shutterstock **4下**; SuperStock/ DeAgostini **228**; Library of Congress, Prints and Photographs Division, Washington, D.C. **58下**, **63**, **103下**, **120右**, **158**; 뭘로할까/Wikimedia Commons **93上**